Einleitung

Mein Name ist Karl-Heinz Brümmer, Spitzname „Matterhorn". Heute ist der 8. Januar 2000. Es ist ein besonderer Tag für mich, denn ich soll ein Buch schreiben über eine Weltreise mit meinem Freund „Manni" Müller und seinem 1963 gebauten 2 CV CITROËN genannt „Difty".

Ich habe noch nie ein Buch geschrieben. Aber jeder fängt einmal klein an. Getreu Jules Verne soll die Reise in „80 Tagen um die Welt" gehen. Der Platz, wo ich zur Zeit sitze, um mein Wissen niederzuschreiben, ist außergewöhnlich. 8500 km von Bremerhaven entfernt, in Thailand, zirka 100 km von Bangkok auf einem Dorf in der Nähe von Suphanbury will ich die Ruhe finden, um meine Gedanken und mein Tagebuch in ein Buch umzusetzen. Von der Terrasse schaue ich über weite Reisfelder. Bananen- und Mangobäume und Blumen in allen Farben umgeben mich. Eine leichte Brise, die vom Fluss heraufweht bringt ein wenig Kühlung.

Beginnen möchte ich mit ein wenig Vorgeschichte. In 80 Tagen um den Globus. Für Manfred Müller, den seine Freunde „Manni" nennen, und seine Ente „Difty" nichts Neues. Sie sind schon einmal auf Weltreise gegangen und kamen erst nach 20 Jahren zurück nach Bremerhaven. Er ist kein Aussteiger, kein Phantast und schon lange kein Spinner. Wenn Manni von seinen Reisen durch die Kontinente (5 Kontinente, 83 Länder) unserer Erde erzählt, dann kommt der Weltenbummler ins Schwärmen.

Jeder in der Seestadt kennt ihn, den Sänger und Gitarristen, den Entertainer zum Anfassen. Er war immer ein Botschafter seiner Stadt Bremerhaven. Und nichts konnte ihn mehr ärgern, wenn er auf Leute traf, die fragten: „Na bischa wohl auch aus Bremen?" Dann konnte er wild werden und verteidigte vehement seine Heimatstadt.

Manni ist stolz, wenn er von seinen Reisen mit der hellblauen „Ente" erzählt, von seinen Begegnungen mit Menschen und Kulturen, von Freundschaften und auch heiklen Situationen.

Mit Auto, Gitarre und einem riesigen Repertoire von ‚La Traviata bis Elvis' hat er sich durchs Leben gesungen und zeitweise auch gearbeitet, und mit der ihm eigenen Begeisterung auch immer wieder „zu Hause und in den entferntesten Winkeln der Erde Menschen für sich gewonnen". Dass ein solcher Globetrotter längst im Guinness-Buch der Rekorde steht, ist selbstverständlich.

Leider ist die erste Reise nirgendwo dokumentiert, deshalb werde ich ein paar Höhepunkte seiner ersten Reise beschreiben. Ich habe von den 20 Jahren seiner Erfahrung profitiert und viel gelernt.

from GERMANY with MUSIC

World Record

GUINNESS BOOK
OF RECORDS

MANFRED MÜLLER AND PAUL-ERNST LUHRS

DROVE AROUND THE WORLD

COVERING 83 COUNTRIES 150,000 km

30 MARCH 1964 – 23 APRIL 1984

NORRIS McWHIRTER

Manni's erste Weltreise

1964 bis 1984 – ein Kurzbericht von K.-H. Brümmer

Heinz Helfgen, der Urahn aller Fernreiseradler und sein faszinierendes Buch „Ich radle um die Welt" waren Schuld. Der hatte sich 1947 mit 140 Mark in der Tasche auf sein PATRIA-WKC-SPORTRAD geschwungen und war einfach losgefahren „schließlich um die ganze Welt". „Manni" war wie elektrisiert: „Mein Freund Paul-Ernst-Lührs aus Helgoland

Reise nach Penang, Malaysia, 1964.

und ich waren von dem Gedanken begeistert, ferne Länder zu sehen, von denen wir nur im Geographieunterricht gehört hatten. Und weil wir jedem von unseren Plänen erzählt haben, mussten wir es dann tun, um nicht als Schwätzer dazustehen."

Der Zugzwang war also da, nach erfolgreichem Schulabschluss stellte sich nur die Frage nach einem geeigneten Fahrzeug. „Dafür brauchten wir natürlich ein Auto." Vor allem günstig musste es sein. Nach diversen Preisvergleichen fiel die Entscheidung zugunsten der Ente – mit 3999 Mark war sie erheblich billiger als ein VW-Käfer. Doch auch dieser Betrag wollte erst einmal verdient werden. Also jobbten die beiden zwei Jahre lang, mal als Taxifahrer, mal als Musiker in der Bremerhavener Band „Nordwinds". Im Oktober 1963 war es soweit: Manni und Ernzi schoben 3999 Mark über den Tresen des Citroën-Händlers und fuhren mit ihrer neuen Ente vom Hof, stolz wie balzende Erpel.

„Zuerst durfte das Auto keiner anfassen, ich war der ‚Experte', und die Anderen durften mitfahren." Auf den „Experten" komme ich später noch zurück. Nur optisch machte der 2 CV noch nicht viel her, sah aus wie jede andere Ente, die zu jener Zeit gerade als rollendes Statement der Konsumverweigerung bei bewegten Studenten populär wurde.

Eine eilends geordnete Sahara-Motorhaube schuf Abhilfe und hatte überdies den Vorteil, dass die nun frei gewordene Reserveradmulde mit einem zweiten Tank einer Borgward Isabella gefüllt werden konnte. Dadurch ließ sich die Reichweite auf über 1000 km steigern. Ein Satz Zusatzscheinwerfer, unter den Hauptscheinwerfern montiert, rundete die Aura von Abenteuer und Freiheit der auf den Namen „Difty" getauften Ente optisch ab.

Angesichts heutiger Verhältnisse, wo in jeder Kleinstadt Globetrotterausrüster alles anbieten was das Leben in der Wildnis auf Vollpension-Niveau liftet, mutet die sonstige Ausrüstung der beiden Nordlichter erheiternd an. Anstelle der Rückbank montierten sie eine große hölzerne Kommode, in der sie neben Kleidung und Kompass auch Geschirr für 6 Personen verstauten.

„Völlig überladen, aber voller Begeisterung" geht es am zweiten Ostertag 1964 los. Nachdem sie vollgetankt haben, verbleiben 164 Mark in der Reisekasse – für die beiden Freunde kein Grund zur Panik. „Warte ab, bis ich in Jugoslawien das erste Mal ‚Granada' singe", winkt Manni ab.

Doch vor ihrem ersten Auftritt müssen die Berge Österreichs bezwungen werden – kein leichtes Unterfangen für eine 16 PS Ente. „Wir versuchten uns meterweise hochzuarbeiten, bis merkwürdige Geräusche von der Fliehkraft-Kupplung kamen, die natürlich total überfordert war", erinnert sich Manni. Ernzi hat mit schwarzen Ringen vor und unter den Augen geschoben, fluchend und völlig fertig. Der bunte Strauß unvergessener Melodien, bringt nicht den erhofften Erfolg in Jugoslawien. In der Reisekasse war absolute Ebbe. Erst der Verkauf des mitgeführten Kofferradios ermöglicht die Weiterreise in Richtung Süden, wo „Difty" einen ersten Grundcheck benötigt. Außerdem erhält das wackere Entlein eine Alarmanlage.

Weiter geht es in die Türkei. In Malatya wird die in Griechenland montierte Alarmanlage auf die Probe gestellt und versagt jämmerlich! Geld, Papiere, Kamera, ein Gewehr, alles weg. Doch für die weitere Reise erweist sich der Diebstahl paradoxer Weise als Glücksfall, denn die beiden haben zu diesem Zeitpunkt noch keine notwendigen Papiere für Persien und Pakistan. „Wenigstens konnten wir nun behaupten, dass uns auch das ‚Carnet de Passage' geklaut worden sei, obwohl wir nie eins besessen hatten. Von den türkischen Behörden haben wir dann eine Bestätigung darüber bekommen, dass wir beklaut worden waren, und damit sind wir nach Persien reingekommen."

Durch die Berge Aserbeidjans fahren Manni und Ernzi in Richtung Täbris. Unterwegs treffen sie auf einen Deutschen und einen Perser, die mit ihrem Mercedes liegengeblieben sind, und helfen

Ankhor Wat, Kambodscha 1964.

ihnen. Der Alptraum eines jeden Mercedesfahrers – von einer Ente abgeschleppt zu werden. Der Benz wird wieder flott gemacht.

Zum Dank lädt der Perser sie zu seinem Onkel ein, dessen weitläufige Ländereien in einer entlegenden Bergregion liegen, die mit dem Auto nicht zu erreichen ist. Onkel Ibrahim, immer in einen großen Schafsmantel gehüllt, wirkt auf die beiden wie eine Figur aus Karl Mays „Durchs wilde Kurdistan."

Von ihrer Musik ist er so begeistert, dass er sie einlädt, für immer zu bleiben. Ein Angebot, das sie nicht annehmen können. Auf der Weiterfahrt macht die Bremsanlage Probleme. Die Flüssigkeit hat Wasser gezogen und fängt immer wieder an zu kochen, bis die Bremsen blockieren. Immer wieder muß die Bremse entlüftet werden, die Nerven liegen blank. Mit dreieinhalb Dollar in der Tasche überqueren sie die pakistanische Grenze und halten auf Karatschi zu. Das zweimalige Reinigen des Luftfilters pro Tag wird zur Routine, doch selbst die hohen Temperaturen – im Inneren der Ente misst Manni zeitweise mollige 50 Grad Celsius – können „Difty" nichts anhaben. Das nötige Benzin bezahlen die beiden in einer „harten" Währung besonderer Art.

In Bremerhavener Altersheimen haben sie 64 alte Brillen gesammelt, und so mancher Tankwart ist froh, sich für nur eine Tankfüllung seiner Sehschwäche zu entledigen.

In Karatschi gönnen sich Paul-Ernst Lührs und Manfred Müller die erste lange Pause der Reise. Als sie nach drei Monaten wieder aufbrechen und auf Indien zuhalten, knackt es im Fahrwerk des 2 CV wie auf einem morschen Seelenverkäufer. In Delhi zerlegt ein Mechaniker die Federtöpfe und diagnostiziert „malade Federn." Ersatz ist nicht zu bekommen, doch der Schrauber, ein Sikh, ist ein echtes Improvisationstalent. Mit ein paar Federn eines Tempo-Dreirads kommt Difty wieder in Trab.

Die nächsten Stationen sind Thailand, Laos, Kambodia und Vietnam, wo die beiden Barden als Truppenunterhalter vor amerikanischen Soldaten auftreten und ihre Reisekasse auf 30.000 Mark aufstocken. Kurz darauf bekommt „Difty" nach einer mörderischen Fahrt durch Süd-Thailand in Singapur ein gebrauchtes Chassis – drei weitere werden noch folgen.

*Südthailand,
1965*

Südthailand, 1965, das Chassis ist gebrochen.

Südostasien ist nerven-aufreibend! Schlammige Ur-waldpisten, Militärkontrol-len, Minen, . . . Lührs und Müller beschließen, nach Australien überzusetzen.

Von Perth aus wollen sie das Herz des australischen Kontinents auf der Nullabor-Road durchqueren. Die Aus-sies sind belustigt: „Mit so einem Auto wollt ihr durch die Nullabor? Kauft euch lie-ber ein paar gute Schuhe!"

Bei unserer Rückkehr von der 2. Weltumrundung rief mich eine Journalistin aus Perth, Australien, an und lud uns ein, an einer Rallye von Perth nach Syd-ney im Frühjahr 2000 teilzu-nehmen. Sie hatte unsere Reise im Internet verfolgt und war begeistert von unserer Tour. Wie sich doch die Zei-ten ändern. Eine damals gefährliche Expedition wird heute zu einer sportlichen Lei-stung hochstilisiert. Leider fehlt uns zur Zeit noch das nötige Kleingeld für die Über-fahrt. Gereizt hätte uns das Unternehmen schon. Was nicht ist kann ja noch werden. Ich sehe schon die Schlagzeilen vor mir. „Zwei 80jährige Weltenbummler mit ihrer 60jährigen Ente durchqueren den australischen Kontinent."

Australien ist ein freies Land und jeder hat das Recht sich umzubringen, dachten auch damals schon Manni und Ernzi. Als sie die Durchquerung dennoch erfolgreich hinter sich bringen, zollen ihnen die Aussies Respekt. Als die „Happy Wanderers" kommen die beiden ins Fernsehen und machen nebenbei Musik.

Über Japan geht's 1968 per Schiff nach San Francisco in die USA. Anfang 1970 fliegt Paul-Ernst Lührs nach Deutschland zurück. Manni Müller zieht alleine weiter. Er soll sogar zwischendurch gearbeitet haben.

In Wyoming wird „Difty" von einem Pick-Up-Truck abgeschossen. „Totalschaden". Ein begnadeter Blech-Stradi-Vari bringt sie wieder auf die Räder, so dass Manni im Mai 1971 nach Mittel-Amerika durchstarten kann.

In Mexico macht er einen Abstecher zur Fußball-WM. Später trifft er seinen Namensvetter Gerd Müller in Fort Lauderdale und „Kaiser" Franz bei einer HSV-Party auf dem Anwesen von Klaus Friederici in Los Angeles. Die weiteren Stationen der Reise: Guatemala, El Salvador, Honduras, Nicaragua, Costa Rica und Panama. „Hier

Südthailand, 1965

9

World Record

GUINNESS BOOK
OF RECORDS

MANFRED MÜLLER AND PAUL-ERNST LUHRS

DROVE AROUND THE WORLD

COVERING 83 COUNTRIES 350,000 km

30 MARCH 1964 – 23 APRIL 1984

NORRIS McWHIRTER

Müller & Müller: Gerd (rechts) und Manni in Fort Lauderdale.

Heute ein König: Müller mit Kaiser Franz, und der mit Mannis Gitarre.

Welcome to Wyoming: Ein Pick-Up rammt die Ente – keine Verletzten.

wird das Auto gut behandelt, es gibt einige Citroën-Vertretungen." In Panama macht Manni sogar seinen Privat-Pilotenschein. Leider fährt er sein Auto kaputt, ergattert aber ein gutes gebrauchtes Chassis, das heute noch seinen Dienst verrichtet. In Kolumbien ist eine neue Maschine fällig, finanziert durch Auftritte vor Montagearbeitern einer deutschen Firma in Puerto Ordaz/Venezuela.

Zurück in den USA heiratet Manni 1978 die Amerikanerin Carol. Er zeugt einen Sohn, Daniel, und arbeitet mit Unterbrechungen bei seinen deutschen Freunden Klaus und Peter aus Harburg (Alpine-Carpet-One). Wann immer die Möglichkeit besteht, wird Musik gemacht. Manni bereitet sich auf die letzte große Etappe seiner Weltreise vor.

Die Durchquerung Afrikas. Am 13. Januar 1984 wird das Auto in Cape-town, Südafrika, ausgeschifft. Als Manni das Auto in Kapstadt aus dem Container herausfährt, ist es 30 Zentimeter kürzer, die Spedition hatte vergessen, Difty zu verzurren! Dieses Mal übernahm die Speditionsversicherung die Kosten des Schadens. Innerhalb von 24 Stunden wurde das Auto repariert. Das hielt Manni aber nicht davon ab, während der Reparatur zu singen.

Über Johannesburg führt ihn sein Weg nach Harare in Zimbabwe. Dort schraubt ihm ein Engländer eine zwei Millimeter starke Aluplatte als Schutz unter Motor und Tank. Ohne diese Schutzplatte wäre Manni wohl nicht weit gekommen.

Die Fahrt nach Norden geht durch Uganda, Zaire, Zentralafrika, Kamerun, Nigeria, Niger, Algerien und Marokko. Nachts kommt er in Missionsstationen unter, trinkt mit den Patern ein paar Gläser Wein und holt die Gitarre hervor. Uganda kostet Geld und Nerven. „Alle 25 Kilometer hält dich ein Soldat an, schiebt seine Knarre ins Fenster und fragt: ‚Was hast du mir aus Deutschland mitgebracht?'"

Die Pisten Zaires setzen Difty so zu, dass wieder einmal das Chassis bricht. Schlamm, Schlaglöcher, Brücken aus Baumstämmen – an manchen Tagen kommt Manni mal gerade 15 Kilometer weit. 1999 muß er alle Strapazen nochmal durchstehen. In Zentralafrika wird das Chassis geschweißt.

Als Manni in Agadez das algerische Visum in der Hand hält, macht sich Vorfreude auf die Heimkehr breit, für den Weg zur algerischen Grenze ist er auf die Hilfe eines mitfahrenden Soldaten angewiesen. Wegen eines Malariamittels sieht er nur schemenhaft. Die algerischen Grenzer wollen ihn erst nicht einreisen lassen, doch mitunter öffnet Musik nicht nur Herzen, sondern auch Schlagbäume.

Auf den Weg nach Tamanrasset gerät Manni in einen Sandsturm. Die Spuren sieht man heute noch auf der Windschutzscheibe. Richtig spannend wird es jedoch im Atlasgebirge Marokkos, als ihn Haschverkäufer stoppen wollen. Manni gewinnt die Verfolgungsjagd, büßt dabei aber eine Antriebswelle ein. Das Ersatzteil hat er, nur keinen passenden Schlüssel. „Aber da oben fuhren so viele ‚Haschmaker' aus Deutschland vorbei, einer hat mir dann geholfen."

Kurz darauf sieht er dann das Mittelmeer wieder. Am 2. April 1984 geht es an Bord, durch die Straße von Gibraltar zurück zum europäischen Festland. Der Rest ist ein Klacks! Noch schnell in Paris vorbei und bei RTL in Luxemburg und nach genau 20 Jahren, am 2. Ostertag 1984, trifft Manni wieder in Bremerhaven ein.

Dieser Trip brachte ihm den Eintrag ins Guinness-Buch der Rekorde ein (siehe Seite 12). Auszug aus dem Guinness-Buch der Rekorde: 30.03.1964 bis 22.04.1984, 2 CV-Citroën, 83 Länder, 350.000 km/217.490 Meilen.

Manni's Traum einer zweiten Weltreise geht in Erfüllung

Karl-Heinz Brümmer berichtet

Als Reisebegleiter (freie Mitarbeiter) der SE-PRESSEREISEN GMBH, Bremerhaven, haben wir, Manni und ich, viele Länder weltweit gemeinsam bereist. Immer wieder erzählte mir Manni von seinen Träumen und Wünschen, noch einmal die Welt in 80 Tagen mit „Difty" zu umrunden. Eine Idee war, vom „CHECK POINT CHARLY" in Berlin nach der Wende aus zu starten. Er bemühte sich pausenlos um solvente Sponsoren. Die Resonanz war immer negativ. Er beschäftigte sich pausenlos mit der Reise und hat in seinen Träumen das Unternehmen oft durchlebt. Eine Reise nach Peking über Moskau, Irkutsk am Baikal-See und Ulan Ude mit der Transsibirischen Eisenbahn hat ihn nur noch bestärkt, nicht aufzugeben.

Im Jahr 1998 fand er einen Partner in mir, der seine Träume unterstützte und teilte. Insgeheim fuhr ich schon mit, wagte aber meinen Wunsch noch nicht zu äußern. Es gab genügend andere Bewerber. Nach und nach verkleinerte sich die Zahl der Mitbewerber. Aus welchen Gründen auch immer. Meine Chancen stiegen. Da ich die Ziele kannte, beschäftigte ich mich heimlich mit der Logistik. Aus der Logistik konnte ich eine grobe Kostenplanung ableiten. Ich holte Angebote ein über Containerfrachtraten und Flugpreise, rechnete Benzinkosten und Hotelkosten aus.

Eines Tages sagte ich zu Manni: „Was hältst du davon, wenn ich mitfahre?" Jetzt war es ausgesprochen. Ich war auf seine Reaktion gespannt. Er hatte wohl schon länger auf diese Frage gewartet, denn ich bekam sein sofortiges O.K. Jetzt kannten wir nur noch ein gemeinsames Ziel. Das Finanzielle überließ er ganz mir. Planerisch hatte ich genug Erfahrung während meines Beruflebens sammeln können. Manni sollte sich nur um „Difty" kümmern. Er wurde dabei unterstützt von Heiko Seifert, einem begnadeten Entenschrauber, und Jürgen Addicks, der sich liebevoll die Elektrik vornahm. Ohne diese beiden technisch versierten Mitarbeiter wäre das Unternehmen zum Scheitern verurteilt gewesen. Außerdem konnten wir zwei wichtige Mitarbeiter für das Unternehmen gewinnen, die uns auf der Tour medientechnisch von Bremerhaven aus betreuen sollten. Mit Eskandar Dilmaghani und George B. Miller fanden wir zwei Profis, die ihr Handwerk verstanden und uns auf der Tour unbezahlbare Dienste leisteten. Damit beide optimal arbeiten konnten, wurde ein Büro mit Computer, Fax und Telefon eingerichtet. Ins Internet gingen wir mit „www.aroundworld.de."

Anfang 1999 fuhr ich bis Ende März nach Thailand. Hier besprach ich mein Vorhaben mit meiner Frau, die sich gar nicht so begeistert zeigte. Nicht, weil sie mir das Abenteuer neidete, sondern weil sie Angst um mich hatte. Nach meiner Rückkehr gingen wir im Team in die Feinplanung. Eskandar erstellte ein Logbuch für die lückenlose Dokumentation der Reiseroute. Logos wurden entworfen, gestickt und auf Sweat-, T-Shirts und Kappen genäht. Wimpel mit unserem Logo und dem Stadtwappen Bre-

merhaven, die wir als Geschenke an Botschaften, Ministerien, Stadtvertretern überreichen wollten, in Auftrag gegeben. Gesundheitlich gab es für Manni und für mich
nach Auskunft der Ärzte keine Bedenken. Für die Tourausrüstung und das Packing
war ich zuständig. Filmmaterial erhielten wir gesponsert, sowie diverse Hausapothe-
ken. Testfahrten wurden durchgeführt. Mängel identifiziert und sofort behoben.

Die Medien wurden aufmerksam und brachten die ersten Berichte über unsere
Reise.

Als Starttermin hatten wir den 30. Mai 1999 um 17.00 Uhr anlässlich des Bürger-
bummels in Bremerhaven festgelegt. Planerisch wollten wir unser wichtiges Etappenziel – Vladivostok – 12.000 km von Bremerhaven entfernt, nach 30 Tagen erreichen.
Erst ab Mai sind die „Straßen" in Sibirien nach der langen Winterperiode wieder einigermaßen befahrbar.

BILD UNABHÄNGIG · ÜBERPARTEILICH **BREMEN**

Gute Reise, ihr drei Weltenbummler!

Volksfest in der Bremerhavener City: Manni Müller (r.) und Karl Heinz Bruemmer starte-
ten gestern nachmittag ihre Weltreise mit der Ente „Difty". Foto: Barth

Mit einem Volksfest star-
teten Manfred „Man-
ni" Müller (59), Karl Heinz
Bruemmer (61) und die

2 CV Ente „Difty" gestern
um 17 Uhr zur großen Rei-
se: In 80 Tagen mit der Ente um die Welt. Der Citro-

ën ist 36 Jahre alt und ging
1964 schon mal auf Welt-
reise. Damals dauerte die
Fahrt 20 Jahre (BILD berich-

tete). Zum Abschied wink-
ten beim Startschuß hun-
derte Bremerhavener. Ein
Enten-Konvoi begleitete die

drei zur Stadtgrenze. Wenn
alles gut geht, sind sie am
18. August zurück in der
Seestadt.   pin

Als Fahrerkluft wählten wir Overalls aus, die uns eine in Bremerhaven ansässige Mercedesvertretung schenkte. Mit unserem Logo versehen sollten sich diese Anzüge noch als sehr wertvoll erweisen.

Das reine Reisebudget wurde mit 30.000 DM geplant, wovon wir 6000 Dollar in bar mit durch Russland nehmen wollten. Der Rest ging auf mein Girokonto und konnte bei Bedarf jederzeit abgerufen werden. Um die 6000 Dollar Bargeld sicher zu verstecken, wurde ein zweiter Scheibenwaschanlagebehälter als „Dummy" eingebaut.

Der 30. Mai 17.00 Uhr rückte langsam näher. Wenige Tage vor Abfahrt erhielten wir die Nachricht, daß unsere Visa in Hamburg bereit zur Abholung lagen. Ich machte mich auf den Weg und fand mich in einem russischen Reisebüro wieder. Nachdem ich unser Vorhaben geschildert hatte, bekam ich immer den gleichen Spruch zu hören: „Nach Russland wollt ihr? Mit dem Auto nach Vladivostok durch Sibirien? Seid ihr lebensmüde?"

Für mich brach eine Welt zusammen. Bald darauf war das ganze Büro mit Russen angefüllt. Sie ließen ein Horrorszenario auf mich niederprasseln. Sie ließen keinen guten Faden an Mütterchen Russland.

An jeder Polizeikontrolle hätten wir Wegezoll in harter Dollarwährung zu entrichten. Ohne Bodyguards ein lebensgefährliches Unterfangen. Schlechte Benzinversorgung. Nach Moskau würde die Tortur erst richtig beginnen. Unbeschreiblich schlechte Straßen, verkleidete Polizisten, so gut wie keine Hotels, mangelhafte Verpflegung.

Wir würden unser Ziel nie erreichen. Ich war geschockt.

Als ich dann noch von den hohen Benzinpreisen erfuhr, brach meine ganze Kostenplanung zusammen.

Mit gemischten Gefühlen fuhr ich nach Bremerhaven zurück. Bei meiner Ankunft, informierte ich sofort Manni. Sollte es das Ende vor dem Anfang sein. Wir wussten nicht, wie ernst wir die Mahnung nehmen sollten. Aufgeben? Niemals. Jetzt erst recht nicht. Wir fahren, egal was kommt.

Ein Tag vor der Abreise wurde der Wagen gepackt. Mit dem Toilettenpapier hätten wir dreimal um die Welt fahren können. Was wir vergessen haben, werden wir sowieso erst unterwegs feststellen. Noch eine letzte Nacht im eigenen Bett. Dann heißt es Abschied nehmen von unseren Frauen, Kindern, Freunden und Bekannten.

Einer hat sicherlich auch nicht gut geschlafen. Heiko, unser Mechaniker. Das Abenteuer kann beginnen.

Noch einige persönliche Gedanken:

Höre auf dein Herz. Tue einfach was du willst. Verschwende nicht einen Tag deines Lebens mit unnötigen Gedanken. Kann ich nicht! Will ich nicht. Münze um in: Ich kann! Ich will.

Plane die Vorhaben soweit es möglich ist. Plane nicht zu lange, sonst werden die dauernden Wenn und Aber deinen Plan verhindern. Deine Familie muss dein Vorhaben unterstützen. Nur dann hast du die Kraft, auch aussichtslose Situationen zu meistern. Wenn du dir diese Gedanken gemacht hast, suche dir deinen Partner, der genauso denkt. Stelle die höchsten Ansprüche. Es wird nicht einfach sein. Du hast keine große Auswahl.

Ich habe mit Manni den richtigen Partner gefunden. Zwei verschiedene Talente griffen wie Mosaiksteinchen ineinander. Das perfekte Team. Auf der einen Seite (Fahrerseite) der aus 20 Jahren Weltumrundung erfahrene Globetrotter Manni, und auf der anderen Seite Co-Pilot und Beifahrer Karl-Heinz „Matterhorn" Brümmer.

Das Abenteuer beginnt:

In 80 Tagen um die Welt

von Karl-Heinz „Matterhorn" Brümmer und Manni Müller

Bremerhaven, Sonntag, 30. Mai 1999

Ein denkwürdiger Tag für Bremerhaven, seine Bürger und zwei Weltenbummler, Manni und Karl-Heinz, die am Morgen mit gemischten Gefühlen erwacht sind. Ein bißchen nervös sind wir schon, denn heute sollen wir nach jahrelanger Vorbereitungszeit um 17.00 Uhr auf dem traditionellen „Bürgerbummel" von unseren Frauen, Familien, Freunden, Bekannten und den Bürgern Bremerhavens mit guten Wünschen und Ratschlägen auf die lange Reise in 80 Tagen rund um die Welt geschickt werden.

Die 25 PS Ente „Difty" ist gerüstet für den 40.000 km langen Trip, davon 25.000 km über Land. Freunde von Manni, besonders der „begnadete Entenschrauber" Heiko Seifert, haben „Diftys" Motor komplett überholt, viele Teile ausgewechselt, die Karrosse gesandstrahlt und neu lackiert. Die Gitarre ist gut verstaut hinter der vorderen Sitzbank. Die Bank selber ist mit einem dicken Schafffell bezogen und soll uns vor Kälte und Wärme schützen. Einige Ersatzteile und Werkzeuge (die wir hoffentlich nicht brauchen) sind sicher verstaut. Visa, Landkarten und Klamotten, Brot in Dosen, Ölsardinen, Müsli-Riegel und Pfefferminztee vervollständigen die Ausrüstung. Je mehr Teile du einpackst, desto eher macht der Wagen schlapp. Wir sind gerüstet.

Manni und Entenschrauber Heiko

„Difty" auf neuen Reifen und generalüberholt – zur Fahrt bereit.

Rußland ist die große Unbekannte auf der Reise. Wir erwarten miserable Pisten und hoffen auf freundliche Menschen.

Unser Leitgedanke: „Friede und Freundschaft für alle Völker der Welt" soll uns noch große Dienste erweisen. Wir haben diesen Satz in russischer Schrift unter der Windschutzscheibe auf der Luftklappe von „Difty" anbringen lassen.

„Wir suchen keine Abenteuer abseits der offiziellen Straßen, sondern wollen Kontakte knüpfen," beschreibt Manni die Reise-Philosophie. Wir haben geplant, regelmäßig die Position an unser Team „Around-the-world" in Bremerhaven zu melden. Auf Laptop, Videokamera und Satellitentelefon haben wir aus Kosten- und Sicherheitsgründen verzichtet. Die Entscheidung sollte sich als richtig erweisen. Zwei gute Kameras und ausreichend Filmmaterial haben wir im Gepäck.

Für das Reisetagebuch bin ich verantwortlich. Die erste Etappe soll uns über Berlin, Minsk, Smolensk, Moskau, Nowosibirsk nach Vladivostok führen. Die 12.000 km Strecke darf nicht viel länger als 30 Tage dauern, um das Ziel nicht zu gefährden. Wunschtermin für die Ankunft in Bremerhaven ist der 18. August 1999, 17.00 Uhr. Wenn es mit der Globusumrundung in 80 Tagen klappt, winkt uns ein Eintrag ins Guinness-Buch der Rekorde. Für Manni wäre es bereits die zweite Auszeichnung. Vielleicht träume ich auch nur.

Nach einem reichhaltigen Frühstück und einem letzten Blick auf mein weiches Bett bummel ich mit meiner Frau im Arm langsam durch die Fußgängerzone zum Startplatz. Wir lassen uns Zeit, denn wir werden noch lange genug getrennt sein. Langsam füllt sich die Fußgängerzone. Tausende von Menschen flanieren an den Verkaufsständen, Fressbuden und Musikkapellen vorbei.

Der Ort der Verabschiedung ist liebevoll von Andrea geschmückt worden. Manni singt bereits stimmungsvolle Lieder aus seinem vielfältigen und schier unerschöpflichen Repertoire, wie immer mit Inbrunst, begleitet von Otto Braune am Keyboard. Heftige Böen rütteln und schütteln den Garderobenständer mit den „Around the world in 80 days" T-Shirts. Hin und wieder schickt die Sonne ihre wärmenden Strahlen auf die Besucher. Immer mehr Menschen versammeln sich. Wir hatten alle Menschen verschiedener Nationalitäten aus der Seestadt Bremerhaven und Umgebung eingeladen. Es sollte eine symbolische Kette der Freundschaft gebildet werden. Wer eine Fahne seines Heimatlandes dabei hatte, erhielt ein T-Shirt mit der Aufschrift: „Around the world in 80 days".

„Difty" steht auf einer Ablauframpe umringt von Fach- und Nichtfachleuten. Heiko, unser Entenfachmann, muss pausenlos Fragen beantworten. Er ist mit Begeisterung bei der Sache. Ergreifende Szenen spielen sich in Mannis Gesangspausen ab, wenn Freunde und Bekannte zu uns kommen, um uns alles Gute für die Reise zu wünschen und um eventuell einen kleinen Beitrag in die Globus-Spardose zu werfen. Der Globus wurde für eine Benzinspende aufgestellt. Eine Mark für fünf gefahrene Kilometer. Am Ende waren 578,- Mark in Pfennigen und Scheinen gesammelt. Exakt für 2393 Kilometer und 850 Meter. Ein schöner Erfolg und ein herzliches Danke an alle Spender.

Um 16.00 Uhr beginnen die offiziellen Festreden. Toni Schröder, ein langjähriger Freund von Manni, hält eine „Laudatio", die so beeindruckend ist, dass einige Bremerhavener feuchte Augen bekommen. Danke „Toni". Bürgermeister Niederquell, als Vertreter der Stadt Bremerhaven, wünscht uns eine gute Reise und gesunde Wiederkehr. Den Scheck der Stadtkasse muss er in der Aufregung wohl vergessen haben. Immerhin drückte er uns noch fünf Mark für Benzin in die Hand. Selbst der Pastor der großen Kirche überbrachte seine Segenswünsche. Unsere Familien sind stolz auf uns. Um Punkt 17.00 Uhr ist es dann soweit. Bürgermeister Niederquell steht direkt neben „Difty" umgeben von einer unüberschaubaren Menschenmenge. Wir küssen unsere Frauen ein letztes Mal für lange Zeit, umarmen unsere Familien und steigen in den Wagen.

Per Funkmikrofon startet er den Countdown der lautstark von den Anwesenden mitgezählt wird und während die Kirchenglocken zu läuten beginnen, rollt „Difty" unter Applaus und Bravorufen von der Rampe und bahnt sich mühevoll einen Weg durch die Massen.

Wir fahren gefolgt von einer „Enten"-Eskorte und mehreren Heinkel-Rollern durch die Fußgängerzone. Wir reichen unsere Hände aus dem Fenster und im Fahren müssen wir noch viele Hände von bekannten und unbekannten Menschen schütteln. Bernd Rücker's Band spielt „I wanna go home". Die Medien schießen ihre letzten Fotos.

Die Polizei macht uns den Weg frei. Kurz hinter Bremerhaven verlassen uns die letzten Begleitfahrzeuge mit einem Hupkonzert. Ab jetzt sind wir auf uns gestellt. Möge Gott uns beschützen und uns sicher und gesund irgendwann wieder nach Hause geleiten.

Das Abenteuer beginnt gleich mit einem Schock. Plötzlich ein Anruf über Handy von Andrea. In der allgemeinen Aufregung haben wir Mannis „Scrap-Book" auf der Bühne in Bremerhaven vergessen. Laut Manni ein immens wichtiges Utensil mit Fotos und Zeitungsausschnitten der ersten Weltreise, das ihn schon häufig aus schwierigen Situationen gerettet hat, z.B. durch das Vorzeigen an Grenzen und bei Übernachtungsmöglichkeiten. Erste Bewährungsprobe des Bremerhavener Teams.

Wir hielten sofort an und gaben unsere Position durch. Heiko und Hartmut setzten sich sofort in Bewegung, um uns die wichtigen Unterlagen auf der halben Strecke nach Bremen auf der Autobahn zu übergeben.

Langsam werden wir ruhiger. Der Abschied hat uns ganz schön mitgenommen. „Difty" läuft wie ein Uhrwerk. Über Bremen, Hamburg, Berlin fahren wir bis Mitternacht nach Frankfurt-Oder. An einer Raststätte essen wir noch ein paar Müsliriegel, eine Spende vom „Reformhaus-Schloßhauer", und legen uns im Wagen schlafen.

König in-Elisabeth-In.
Ellesmere-In.
Magnet. Pol
Baffin-Insel
Bering-Straße
Yukon
Victoria-I.
Davis-Straße
Beringmeer
Mt. McKinley
6199
Gr. Bärensee
Gr. Sklavensee
Hudson-Straße
Nördlicher Pola
Mackenzie
Island
Inseln
Hudson-Bai
K. Farvel
Aleuten
Vancouver-I.
Winnipegsee
Neufundlan
Glasgow
St.-Lorenz-Strom
Küsten-Gebirge
Felsen-Gebirge
(Rocky Mountains)
Prärien
Missouri
Labrador
K. Race
San
Francisco
Whitney
4418
Mississippi
Arkansas
Ohio
Appalachen
New York
Azoren
Colorado
Rio Grande
K. Hatteras
Los
Angeles
Bermuda
Kanarische In.
Niederkalifornien
Golf von Mexiko
Florida-Straße
A T L A N T I S C H E R
Nördlicher Wend
Sierra Madre
Kuba
Popocatepetl
5452
Yúcatan
Große Antillen
Hispaniola
S
Citlaltepetl
5700
Jamaika
Kleine
Antillen
Kapverdische In.
Mauna Kea
4202
Karibisches Meer
K. Verde
Hawaii-Inseln
G
Palmyra-In.
P A Z I F I S C H E R
Isthmus
von Panama
Orinoco
Bergland von Guayana
Llanos
Roraima
2772
O Z E A N
K. Palmas
Tabuaeran
Rio Negro
Äquator
Kiritimati
Galápagos–Inseln
Chimborazo
6267
Amazonas
Phönix–Inseln
Madeira
Tocantins
Ascension
A
Tokelau-In.
Marquesas-In.
Selvas
K. São Roque
n
Samoa-In.
d
St. Helena
O Z E A N
Gesellschafts-In.
Tuamotu–
e
Mato Grosso
Cook-In.
Tahiti
Archipel
n
Titicacasee
Tonga-In.
Atacama-
Wüste
Gran Chaco
Paraguay
Brasilianisches Bergland
K. Frio
Südlicher Wende
Tubuai-In.
Pitcairn–I.
Ojos del Salado
6863
Pampa
A
Oster-Inseln
Aconcagua
6960
n
Paraná
Rio de la Plata
Tristan da C
d
Kermadec–Inseln
e
Rio Negro
n
Chatham-In.
Patagonien
Falkland–Inseln
Südgeorgien
Magellan-Straße
Feuerland
Kap Hoorn
Drake-Straße
Antarktische
Halbinsel
Südlicher Polar
Grahamland
Weddellmeer
Palmerland
Cairdküste
Ellsworthland
Westl. Länge v. Green
Rossmeer
Marie–Byrd–Land
180

Bremerhaven

Bremerhaven –
Start- und Zielort unserer
80-tägigen Abenteuerreise,
die am 30. Mai 1999
Richtung Moskau
begann.

31. Mai 1999

„Kikiriki" um 4.15 Uhr in der Früh. Die erste Nacht im Wagen verbracht. Es sollten noch viele folgen. Recken, Strecken, Beugen, Zähne putzen im Waschraum der Raststätte. Kaffee bekommen wir am Kiosk. Der Rosinenkuchen der Familie Cleetz aus Bremerhaven schmeckt hervorragend. Manni prüft den Ölstand und läßt „Difty" warmlaufen. Es ist kühl und es nieselt leicht. Wir fahren los und überqueren die polnische Grenze um 7.00 Uhr ohne Schwierigkeiten.

Auf der Gegenfahrbahn stauen sich zirka 500 LKWs, die in Richtung Deutschland wollen. Das soll nicht unsere Sorge sein, wir haben freie Fahrt. Der Regen wird stärker. Wir müssen die Seitenfenster schließen. Langsam wird uns kühl und wir müssen die Heizung anmachen. Für den kleinen Hunger haben wir immer Müsli-Riegel von der Fa. Schloßhauer in Griffweite. Wir dichten auch gleich den ersten Werbespruch.

„Sollte der Magen mal zwicken, greif zu Omas Quittenschnitten." Wir fahren in Richtung Pozwan (Posen).

Um 9.00 Uhr erster Kontakt mit unserem Tourmanager, Eskandar. Lagebesprechung per Handy. Wir melden keine besonderen Vorkommnisse. Er wünscht uns gute Fahrt.

Unser heutiges Ziel ist Warschau. Am Straßenrand bietet ein polnischer Bauer Äpfel und Birnen zum Verkauf an. Wir haben noch Bananen und tauschen sie gegen Äpfel ein. Ich wundere mich über die zeitlich so frühe Obsternte. Birnen wollte er nur gegen harte Währung rausrücken. Ich lehnte ab mit den Worten, wir sind selber arm. Manni, gutmütig wie immer, tauscht wertvolle Scheine gegen wertloses Klötergeld und handelt sich damit eine Ermahnung ein.

Warschau (Warzawa) 16.00 Uhr.

Brütende Hitze und Smogalarm. Manni vergleicht den Verkehr mit Maracaibo. Die Zeit drängt, denn wir müssen vor Dienstschluss noch zum „Ministerium für Inneres", um unser Logbuch stempeln zu lassen. Das Gebäude, schwer bewacht von der Polizei, liegt mitten in der Innenstadt. Manni fährt wie Michael Schumacher gegen den Rest der Welt.

Eine besonders kritische Situation meistert er durch einen Elchtestschlänker. Verkehrsregeln missachtet er. Plötzlich fährt er auf den Straßenbahnschienen und legt den gesamten Straßenverkehr lahm. Die Polizei schaut nur staunend zu. Plötzlich das Gebäude des Ministeriums vor uns. Manni parkt „Difty", nach vorheriger Rücksprache des Wachpersonals, vor dem Hauptportal im Halteverbot. „Difty" ist sicher bewacht.

Mit Logbuch und Scrap-Buch unter dem Arm stürmen wir in unseren roten Jacken in die zweite Etage, Zimmer 129. Die Tür ist verschlossen. Wir geben nicht auf. Hartnäckigkeit macht sich eben bezahlt. Mit unserem Gastgeschenk (Wimpel der Stadt Bremerhaven mit Logo Around the world team) erwischen wir die Sekretärin vom Minister. Wir stellen uns höflich vor, erzählen von unserem Vorhaben und bitten um offizielle Beglaubigung mit Stempel in unserem Logbuch. Der Minister ist leider nicht im Hause. Wir übergeben unseren Wimpel mit den Grüßen unserer Stadt Bremerhaven und aller Bürger. Unserem Wunsch wird entsprochen und mit dem zweiten Stempel im Logbuch verlassen wir stolz das Ministerium. Plötzlich hab ich das Gefühl, ich müsste langsam mal duschen. Noch schnell ein paar Fotos. Rein in „Difty" und mit Eskorte durch den Feierabendverkehr in Richtung Terespol-Brest.

Zum Grenzübergang nach Weiß-Russland hinter Warschau wollen wir uns eine Übernachtung suchen. Für die Dokumentation schießen wir noch schnell ein paar Fotos vom Stadtausgangsschild „Warschau".

Mit einem Blick auf die Tankanzeige meint Manni: „Ich glaub wir müssen langsam mal tanken." Wir fahren die nächste Tankstelle an und errechnen einen Verbrauch von 64 Liter für 1087 km. Wir zahlen 140 Zloty = 70,- DM. Heiko, unser „Difty"-Chirurg in Bremerhaven wird sich freuen.

Weiter geht die Fahrt und es beginnt langsam zu dämmern. Wir brauchen unbedingt eine bewachte Unterkunft. Plötzlich vor uns eine Bar mit Gaststätte und eingezäuntem Parkplatz. Ein Pole öffnet uns das Stahltor. Erstaunt betrachtet er unser Auto. Alles macht einen sauberen Eindruck. Wir fragen nach einen Schlafplatz. Er stellt uns sein ganzes Privathaus mit acht Zimmern zur Verfügung. Eine Garage für „Difty" ist direkt im Haus. Ein Glückstreffer. Endlich ein Badezimmer. Kosten 100 Zloty mit Frühstück = 50,- DM.

Wir werden sofort mit Kaffee und Gebäck bewirtet. Eine Gastfreundschaft die seinesgleichen sucht. Unsere Geschichte öffnet uns die Herzen dieser Menschen. Wir informieren sofort unser Team in Bremerhaven.

Wir duschen und Manni wechselt das erste Hemd. Meins sieht noch gut aus. Ich behalte es an. Wir machen es uns im Wohnzimmer bequem und lassen den Tag noch einmal Revue passieren. Unsere Gastgeber laden uns zum Krimsekt ein. Unsere Augen werden das erste Mal feucht. Ich glaube immer noch, ich bin im Film. Um 23.00 Uhr fallen wir erschöpft, aber überglücklich, in weiche, weiße Betten.

1. Juni 1999
Wir haben geschlafen, wie die Murmeltiere. So sicher haben wir uns lange nicht gefühlt. Frisch geduscht, die Sonne lacht, was wollen wir mehr. Manni überprüft wie jeden Morgen „Difty". Ölstand, Benzin, Reifendruck, alles Routine. Ich packe derweil unsere Klamotten zusammen. Bevor wir losfahren, gibt es noch ein reichhaltiges Frühstück mit Rühreiern und Salat. Diesmal serviert von der bildhübschen Tochter des Hauses. Ihr Name ist Yvonne und wäre schon eine Sünde wert gewesen. Ihre Augen werden uns noch eine ganze Weile begleiten. Wenn uralte Männer träumen!

Schnell werden noch gegenseitig ein paar Fotos geschossen. Wir verabschieden uns von unseren polnischen Freunden und fahren in Richtung Weiß-Rußland zur Grenze nach Brest.

Nach 5 km Fahrt auf verhältnismäßig guten Straßen werden wir von einem Fiat 126 angehupt und zum Halten aufgefordert. Ich dachte schon, wir hätten schon wieder unser Scrap-Buch vergessen. Der Fahrer wedelt mit einer polnischen Tageszeitung. Wir können es nicht fassen. Manni und Matterhorn vor der „Seuten Deern" in Bremerhaven. DPA-Foto mit Bericht über unsere Weltreise.

Wir informieren sofort das „Around the world" Management in Bremerhaven und fahren weiter in den nächsten Ort. Dort kaufe ich 5 Tageszeitungen, um sie mit nach Hause zu nehmen. Später bemerken wir, daß wir uns umsonst gefreut haben. Sie waren vom falschen Tag. Pech gehabt! Weiter geht's.

Hin und wieder mal eine Polizeikontrolle. Wir legen immer als erstes Mannis Scrap-Buch auf die Motorhaube und die Beamten sind immer wieder begeistert von den alten Aufnahmen, die Manni mit Gerd Müller in Fort Lauderdale zeigen. Der Höhepunkt ist dann „Kaiser" Franz Beckenbauer mit Mannis Gitarre im Arm.

Der Tisch ist für Manni gedeckt.

„Difty" wird bei jedem Halt von Menschenmassen umlagert. Wir beantworten stets gerne die Fragen nach PS-Leistung, Benzinverbrauch, Höchstgeschwindigkeit und Marke.

Um 14.00 Uhr wollen wir eine Mittagspause einlegen. Ich sage aus Spaß zu Manni: „Wenn du Hunger auf Ölsardinen hast, fährst du rechts ran und ich decke dir den Tisch auf der grünen Wiese." „Wo willst du denn in dieser Einöde einen Tisch herzaubern?" sagt Manni.

Wir hatten das Gespräch noch nicht beendet, als ein Rastplatz am Straßenrand auftaucht. Eine Sitzgruppe mit Tisch lädt zum Verweilen ein. Wir halten und in kurzer Zeit ist der Tisch weiß gedeckt. Ölsardinen, Kräcker, Sprite. Ein Festmahl, wie wir meinen, und das alles bei Superwetter.

Wir fahren durch eine herrliche Landschaft. Der Birken- und Mischwald reicht bis an die Landstraße. Um 16.00 Uhr reichen wir uns die Hand. Wir sind 1600 Kilometer gefahren.

Die Grenze nach Weiß-Russland haben wir ohne Schwierigkeiten überschritten und müssen uns auf eine neue Währung einstellen. Alte Rubelbelarus. Eine Million gleich 6,- DM. Wir sind mehrfache Millionäre.

Die Straße wird schlechter. Plötzlich, vor Minsk, geraten wir in eine Radarkontrolle. „Difty" war zu schnell. Die Forderung von 3 Millionen Rubel ist uns zu hoch.

Manni handelt den Preis durch Gesang auf 2 Millionen Rubel runter. Der Major steckt das Geld in die eigene Tasche. Bei dem Gehalt kein Wunder. Um 17.30 Uhr nach 48-stündiger Fahrzeit erreichen wir Minsk.

In Minsk sollten wir eine Hotelreservierung haben. Hat leider nicht geklappt. In dieser Stadt hält uns nichts. Große Städte mögen wir nicht so gerne. Auf dem Land fühlen wir uns sicherer. Es ist mittlerweile 20.00 Uhr geworden. Bis 21.00 Uhr wollen wir noch fahren, dann wollen wir uns ein Quartier suchen. Abseits von der Hauptstraße landen wir in einer Kleinstadt. Nach vielen Umwegen erreichen wir ein Hotel. Mein lieber Himmel. Wie nach einem Luftangriff. Keine gesicherte Garage für „Difty". Manni versucht eine Garage zu finden. Ich knüpfe Kontakt mit zwei bildhübschen Russinnen. Sie geben sich als Studentinnen aus. Manni hat keinen bewachten Parkplatz gefunden. Wir entschließen uns, im Wagen zu schlafen. Wir fahren „Difty" auf die Rückseite des Hotels in den Schatten.

Die beiden Studentinnen haben Gefallen an uns gefunden. Viel Englisch sprechen sie nicht. Auf der Motorhaube habe ich das Buffet bereitet. Bacardi, Cola, Dauermettwurst, Pumpernickel, und dazu zwei Traummädchen. Wir diskutieren lange und da es mittlerweile recht kühl geworden war, setzen wir uns kurzer Hand auf das dicke Schaffell auf die vordere Sitzbank. Plötzlich bemerken wir, dass aus den Studentinnen langsam Prostituierte werden, die dann auch nach kurzer Zeit mit dem Preis für ihre Liebesdienste herausrücken. Sie fordern je 100,- DM. Das ist für uns das Zeichen, sie kurzer Hand aus den Wagen zu weisen. Wenn es auch schwer fällt. Wir blieben standhaft.

Wir versuchen im Wagen zu schlafen. Es ist hundekalt, und während Manni im Schlafsack schwitzt, sterben mir langsam die Beine ab. Ich versuche, mich mit Freiübungen vor dem Wagen warm zu halten. Endlich schlafe ich übermüdet ein. Die Morgensonne wird uns schon wieder aufwärmen.

2. Juni 1999

Um 6.00 Uhr sind wir schon wieder auf den Beinen. Alle Glieder sind steif. Wir joggen die unbelebte Straße auf und ab. Geschäfte gibt es so gut wie keine. Die ersten Frühaufsteher, die uns begegnen, machen alle einen sehr ärmlichen Eindruck. Mit ausdruckslosen Gesichtern laufen sie an uns vorrüber. Die heruntergekommenen Häuser haben keine Farbe und der Putz, wenn noch vorhanden, fällt großflächig auf den Gehweg. Die heruntergekommenen Busse machen keinen sicheren Eindruck. Wie mag das bloß im Winter aussehen.

Die Straßen sind voller Schlaglöcher und hin und wieder fehlen sogar die Kanaldeckel. Ansonsten sieht man wenig Privatfahrzeuge. Wir wollen möglichst schnell weiter in Richtung Moskau. Die Straßen sind befahrbar. Benzin haben wir noch ausreichend. Am Grenzübergang Smolensk verlassen wir Weiß-Russland und befinden uns jetzt in Russland. Hier werden wir uns viele Tage und Wochen aufhalten. Mehr als uns lieb ist. Die alten Rubel tauschen wir um in neue. Jetzt ist die Währung wieder übersichtlich. 11 Rubel = 1,- DM.

Unsere Stempel haben wir an der Staatsgrenze bekommen und unsere Visa wurden anerkannt. Man heißt uns herzlich willkommen und wünscht uns eine gute Reise. Wir kommen gut voran. 10 Kilometer vor Moskau wollen wir übernachten, denn am 4. Juni 1999 haben wir einen Pressetermin in Moskau. Das Fernsehen hat sich auch angesagt.

Noch einige Straßenanekdoten! Manni sagt: „Da hat doch ein Russe ein Bidet als Springbrunnen in seinem Vorgarten!"

Polizeikontrolle auf freier Strecke. Wir möchten gerne einen Stempel für unser Logbuch. Wo ist der „Major", wollte Manni sagen. Er sagt aber: „Wo ist Herr Meier?" Alle lachen sich halb kaputt und die „Kalaschnikows" um den Hals wippen auf und nieder. Ohne Stempel aber mit guten Wünschen werden wir verabschiedet.

Am Straßenrand hängen geräucherte Fische an Holzstellagen zum Verkauf. Wir nehmen uns zum Abendbrot eine 2 Pfund schwere Lachsforelle mit.

Lange suchen wir nach einem sicheren Hotel. Eine Anlage hat es uns besonders angetan. Vor der gesicherten Einfahrt sind wir sofort von Russen umringt. Mannis Russisch wird immer besser. Ein Sprachgenie!

Nur bei der Bestellung von Spiegeleiern im Restaurant hat er so seine Schwierigkeiten. Wir können den Russen wohl klar machen, dass wir Deutsche sind, aber weiter kommen wir auch nicht. Aus einem nahe gelegenen Dorf wird eine deutschsprechende Wolgadeutsche geholt. Wir sind mal wieder platt. Jetzt erfahren wir auch, wo wir sind. Keine Hotelanlage wie vermutet, sondern ein historischer Platz. Der Heldenfriedhof von General Paulus, Oberbefehlshaber der 6. Armee im Zweiten Weltkrieg. Wir machen uns so unsere eigenen Gedanken: Dass wir als Deutsche hier unbehelligt stehen dürfen, grenzt schon an ein Wunder. Wir können nur hoffen, dass es nie wieder einen Anlass gibt, Gedenkstätten solcher Art zu errichten.

Endlich im Hotel. Hier steigen viele Lastwagenfahrer ab. Ein sicherer Parkplatz für „Difty".

Kosten, 200 Rubel fürs Doppelzimmer und 39 Rubel für „Difty". Ab unter die Dusche. Ich wechsel das erste Mal mein Hemd. Welch ein Gefühl – meine Socken riechen, wie die von „Al Bundy" aus der Fernsehserie ‚Eine schrecklich nette Familie'. Nachdem wir uns landfein gemacht haben, gibt es Lachsforelle, Dosenbrot und Wodka. Ein fürstliches Essen!

Manni ruft Ernzi in Bogota, Südamerika, an und gibt unseren Standort durch. Anschließend sprechen wir noch mit Meiko und Sue, gute Freunde von uns. Die Überraschung ist gelungen. Ins Bett zu gehen ist noch etwas zu früh. „Ach, laß uns man noch auf einen Drink an die Bar gehen" meint Manni.

Das Unheil nimmt seinen Lauf. Wodka pur aus Wassergläsern. Jeder will mit uns anstoßen. Wir sind der Mittelpunkt. Manni hat mit dem LKW-Fahrer Uri einen angenehmen Gesprächspartner gefunden. Ich unterhalte mich angeregt mit Natascha. Wir verlieren langsam den Durchblick.

Uri läßt sich nicht davon abbringen, uns seinen „Scania"-LKW auf dem riesigen Parkplatz zu zeigen. Er nennt ihn liebevoll „Maschina". Arm in Arm gehen wir zum

LKW. Wir müssen im Führerhaus Platz nehmen, während sein Beifahrer schon in der Koje liegt. Uri nimmt noch etwas Geld mit und wir gehen zurück, um ihm „Difty" zu zeigen. Als er den Wagen sieht, fällt er vor Manni auf die Knie vor Ehrfurcht. Noch einen Wodka und ab ins Bett. Mit dem Gedanken, morgen auf dem Roten Platz am Kreml zu stehen, schlafen wir ein.

3. Juni 1999

Mit zwei Tankfüllungen von Bremerhaven nach Moskau – gleich 140 Liter. Wir erwachen das erste Mal um 9.00 Uhr, 10 Kilometer vor Moskau. Wir haben keine Kraft zum Aufstehen (Restwodka). Damit kann Manni nicht ans Steuer. Umdrehen weiterschlafen.

Zweiter Anlauf 11.00 Uhr. Jetzt aber los. Auto packen, Auto prüfen. Alle Funktionen im grünen Bereich. Unser Benzin geht zur Neige. Für die letzten Rubel tanken wir bei einer BP-Station und rollen auf breiten Straßen auf Moskau zu.

Gefrühstückt haben wir auch noch nicht. An einer Gaststätte halten wir an, um etwas zu essen. Kaffee, Spiegeleier. Wir sind wieder einmal umringt von liebenswerten Russen und dabei hat Manni noch nicht einmal seine Gitarre ausgepackt. Bevor wir alle fotografieren, wird erst einmal das neue Kostüm angezogen.

Plötzlich übergeben uns die Kinder eine große russische Fahne und wickeln uns darin ein. Wir sind beschämt. Wir überreichen kleine Werbeartikel der Seestadt Bremerhaven, Umarmungen, Verabschiedung. Wir reihen uns wieder in den Verkehrsstrom ein, der auf die Innenstadt zufließt. Von allen Seiten werden wir angehupt, freundliches Winken und Lichthupen begleiten uns. Aus Wagen, die auf gleicher Höhe

Junge Fans empfangen uns vor Moskau.

Der „Rote Platz" in Moskau.

sind, reicht man uns Zettel herüber, auf denen steht: „Welcome to Moskau". Wir können unsere Gefühle nicht mehr im Zaum halten und fast gleichzeitig fangen wir an zu heulen.

Immer in Richtung Kreml, am Roten Platz vorbei, erreichen wir das Hotel „Ismailova", wir parken „Difty" direkt vor dem Hotel. Das Hotel ist ein zwanzigstöckiger Plattenbau. Während Manni für zirka 3 Stunden an der Rezeption um ein Doppelzimmer kämpft, sichere ich den Wagen, gebe Autogramme und beantworte hunderte von Fragen. Sicherheitskräfte mit kugelsicheren Westen bewachen das Hotelgelände.

Wunderschöne Russinnen, elegant gekleidet, lassen meine Gedanken immer wieder abschweifen. Endlich hat Manni ein Zimmer und einen sicheren Platz in der Hoteltiefgarage gebucht. Profifotografen machen Bilder von uns mit „Difty". Die Filme werden sofort entwickelt und uns ins Hotel gebracht. Gegen Bezahlung natürlich.

Wir fahren den Wagen in die Tiefgarage. Die Tiefgarage sieht aus wie ein russisches Bleibergwerk in Sibirien. Wir nehmen nur das Nötigste aus dem Wagen und beziehen unser Zimmer. Duschen, frische Wäsche, uns geht's gut!

Die Schlösser an den Hotelzimmertüren sind ein Problem für sich. Wir nennen es das „russische Problem". Zum Glück sitzen in Russland auf jeder Etage ältere Damen, die die Schlüsselgewalt haben. Sie sind Mädchen für alles. In der Hotelhalle gönnen wir uns ein Bier und essen uns an Kaviarbrötchen satt. In den Nischen sitzen gutgebaute Nachtvögel und warten auf ihre Beute. Nicht mit uns. Wir sind immun gegen alle Verlockungen!

Wir haben noch eine kurze Lagebesprechung, dann legen wir uns schlafen. Gut, dass wir Toilettenpapier mithaben. Auf dem Klo lag nur die „Prawda" und die war auch schon Wochen alt.

4. Juni 1999
Moskau-Hotel „Ismailova"

Wecken 9.00 Uhr. Nach dem Frühstück nehmen wir sofort Kontakt mit der russischen Presse auf. Günther Meiner von Radio Bremen 3 ruft uns an und bittet um ein Live-Interview. Es tut gut, Stimmen aus der Heimat zu hören. Noch geht alles über Handy. Aber was passiert nach Moskau? Heute sind noch mehrere Pressetermine geplant und das russische Fernsehen hat sich auch noch angesagt. Erst wollen wir uns einmal Moskau anschauen. Wir haben Bilderbuchwetter.

In Moskau mit der Metro zu fahren ist ein absolutes muss. Jeder unterirdische Bahnhof ist eine Sehenswürdigkeit für sich. Die unterschiedlichsten Marmorsorten aus ganz Russland wurden hier verarbeitet. Wahre Kunstwerke! Wir fahren in Richtung „Roter Platz". Eine junge Russin mit sehr guten Englischkenntnissen spricht uns an und bietet sich als Führerin an. Ihr Name ist Natalia und sie arbeitet als Englischlehrerin an der Universität. Das Glück ist mit uns!

Auf dem „Roten Platz" erwartet uns ein traumhaftes Bild. Es ist Tradition in Moskau, dass sich frisch getraute Hochzeitspaare auf dem „Roten Platz" fotografieren lassen. Die Augen gehen uns über bei soviel Anmut und Schönheit der russischen Frauen. Wir stellen krasse Unterschiede zu Ostfriesland fest. Manni und ich lassen uns in unseren roten Jacken ablichten und lassen das Bild per Internet durch eine Presseagentur an George nach Bremerhaven scannen.

Die Zeit vergeht hier wie im Fluge. Plötzlich klingelt Mannis Handy. Es ist Radio Bremen 4. Jens, der Moderator bittet um ein Livegespräch um 18.00 Uhr. Wir sagen zu und wollen direkt zum Hotel zurück.

Vorher werden wir noch kurz aufgehalten. An einem Niedergang zur Metrostation singt eine Opernsängerin mit Keyboardbegleitung russische Volksweisen und bekannte Opernmelodien. Ein Ohrenschmaus. Hunderte von Zuschauern applaudieren. Manni ist nicht zu halten. Mit „Granada" und „O sole Mio" reißt er die Russen zu wahren Begeisterungsstürmen hin. Das Keyboard liegt nur auf einem Pappkarton. Im Zurückgehen kommt Manni gegen den Karton und die gesamte Anlage bricht in sich zusammen. So ein Mist! Damit ist der musikalische Vortrag beendet.

Jetzt wird es höchste Zeit, ins Hotel zu kommen. Noch ein kurzer Blick auf ein 8-Mann-Symphonieorchester im Zugang zum Bahnhof und rein in die Metro. Im Hotel werden wir schon von mehreren Journalisten erwartet. Wir sind im Stress! „Difty" wird schnell aus der Tiefgarage geholt und vor dem Hotel geparkt. Pünktlich um 18.00 Uhr der Anruf von Jens von Radio Bremen 4. Wir sind Live auf Sendung. Wir berichten kurz, was wir bisher erlebt haben und schildern unsere nächsten Ziele. Manni holt das erste Mal die Gitarre aus dem Wagen und wir verabschieden uns mit dem Lied „Country Road". Jens ist begeistert! Wir hören nicht auf und Jens versucht uns zu bremsen. Vergeblich! Mit den Worten „Lass alte Männer nicht singen" verabschiedet er sich und wünscht uns weiter gute Fahrt.

Weitere Interviews und Fernsehaufnahmen russischer Medien folgen. Der Hals wird langsam trocken vom vielen Erzählen. Der Abend senkt sich über Moskau. Wir sind für heute geschafft. Wir fahren „Difty" in die Tiefgarage, essen zu Abend und legen uns erschöpft schlafen. Ab morgen beginnt der härtere Teil der Reise. Wir sind sicher, wir schaffen es.

5. Juni 1999

In der Tiefgarage markieren wir das erste Mal unsere bislang gefahrene Strecke auf unserer Heckklappenweltkarte mit einem gelben Farbmarkierer. Sieht schon ganz gut aus. Es folgen die routinemäßigen Wagenkontrollen. „Difty" springt sofort an. Alles ist gepackt, Türen schließen und Sicherheitsriegel vorlegen. Klarmeldung an Manni und ein neues Abenteuer kann beginnen. Wir verlassen Moskau um 9.00 Uhr. Erst einmal aus Moskau raus. Smog, Staus, Hitze, ein Chaos. Die Staus entstehen überwiegend durch defekte Wagen, die mitten auf der Fahrbahn oder am Straßenrand liegen geblieben sind. Langsam kommen wir in die trostlosen Außenbezirke, die ohne Hoffnung auf Besserung verrotten. Am Straßenrand verkaufen arme Mütterchen Radieschen, Dill, Schnittlauch, Tomaten und eingelegte Gurken. Alles Agrarprodukte aus dem eigenen Garten. Sie versuchen damit, ihre mehr als klägliche Rente aufzubessern. Doch was machen sie im Winter, wenn die unerbittliche Kälte über sie kommt? Dagegen leben wir im Paradies. Wir vergessen es nur zu oft.

Wir werden von allen Seiten angehupt. Weiterhin haben wir noch Handykontakt mit Deutschland. 100 Kilometer hinter Moskau fällt der Benzinpreis rapide von 4,50 Rubel auf 3,90 Rubel, 92 Oktan. Das sind nach unserer Währung 30 Pfennig. Damit kann man leben. Wir fahren immer nach Osten über Arjazan nach Penza. Wir haben angenehme 34 Grad Celsius im Wagen und Manni hat wieder seine schwarze, kugelsichere Weste an. Um 14.00 Uhr verlieren wir den Handykontakt in Arjazan. Wann und wo wir das Handy wieder benutzen können, ist ungewiß.

Wir sind ganz auf uns gestellt. Übernachten wollen wir heute an der M5, im Wagen, kurz vor Penza. An der Straße eine Fressbude nach der anderen. Aus alten Ölfässern, die man halbiert hat, haben findige Russen Grillstationen gebaut, auf denen riesige Fleischspieße mit Gemüse und Zwiebelringen vor sich hinbrutzeln. Uns läuft das Wasser im Mund zusammen. Als wir aussteigen, überfallen uns ganze Mückenschwärme. Wir ziehen schnell unsere Overalls an, umwickeln die Bündchen an Arm und Beinen mit TESA-Klebeband und schützen unseren Kopf mit einem Moskitonetz. So läßt es sich aushalten.

Der Ort, wo wir uns befinden heißt Akim. Ein kleines Nest, bestehend aus ein Paar verwitterten, farblosen Datschas. Im Wagen brauchen wir auch nicht schlafen, denn es gibt ein „Hotel" oder wie die Russen sagen „Gastinica".

Wir lassen uns das Essen schmecken und trinken das erste Mal „Kwass" mit Wodka, ein russisches Erfrischungsgetränk (Nationalgetränk). Es wird aus altem Brot vergoren, mit Hefe hergestellt und mit Wasser versetzt. In kleinen Tankwagen wird es überall im Land angeboten. Nie mehr werden wir so etwas trinken. Für unsere Begriffe oder besser gesagt Geschmacksnerven sehr gewöhnungsbedürftig. Wir haben auch gleich einen Namen dafür: „Ziegenpisse"!

Stopavor,
ein russisches Kloster.

Wir sind gesättigt und beziehen unser Zimmer. Keine Dusche, kein Wasser. Wir waschen uns mit Mineralwasser. Kosten Doppelzimmer 50 Rubel = 4,50 DM. Da kann man nicht meckern.

In der Gaststube feierte Uri seinen Geburtstag. Wir wurden sofort eingeladen. Wir holen die Gitarre und mein Rhythmusgerät und die Party kann beginnen. Oleg, der Freund von Uri, nimmt die Gitarre zur Hand. Russische Volksweisen erklingen. Manni ist in Höchstform. Eine Menge Wodka fließt und da immer auf Ex getrunken wird, liegen schon bald die ersten Russen unter dem Tisch. Wir verbrüdern uns. Gastfreundschaft pur. Es wurde eine lange Nacht und wir wissen nicht, wie wir ins Bett gekommen sind.

Die Russen fahren im Konvoi zwischen Moskau und Novosibirsk und transportieren japanische Pkws. Sie bieten uns an, uns auf ihren leeren Transportern am nächsten Tag mitzunehmen. Wir lehnen dankend ab. Manni pinkelt noch schnell hinters Haus und fällt damit unangenehm auf. Er entschuldigt sich und alles ist vergessen. Gute Nacht!

6. Juni 1999

Wir erwachen um 10.30 Uhr. Brütende Hitze. Wir brauchen unbedingt eine Dusche und frische Wäsche. Ich lege alles für Manni bereit. Er braucht nur noch Danke zu sagen. Bei uns geht sowieso alles mit Danke und Bitte. Wir behandeln uns mit gegenseitigem Respekt. Nur so lassen sich 80 Tage ohne Streit durchstehen. Hinterm Hotel finden wir eine Sauna. Wir gießen uns gegenseitig das kalte Wasser über unsere schwitzenden Körper. Langsam werden wir fit. Die restlichen Alkoholnebel lösen sich auf. Wir begeben uns in die Gaststube, bestellen Omelette und Kaffee. Die Mangobrause läßt sich auch trinken. Langsam tauchen auch unsere Freunde auf. Sie sehen ziemlich mitgenommen aus. Wir umarmen uns zum Abschied und wünschen uns gegenseitig gute Fahrt. Vielleicht sieht man sich noch mal wieder.

Wir fahren in Richtung Penza. Kleine Ortschaften und typisch russische Kolchosen-Dörfer wechseln sich ab. Es sind überwiegend Holzhäuser mit geschnitzten Fassaden. Auf den ersten Blick sehen alle ähnlich aus, doch es sind alles Unikate. Viele dieser alten, sibirischen Holzhäuser fallen in sich zusammen. Die überwiegend blaue Farbe blättert ab und wird, weil das Geld fehlt, nur selten erneuert. Schade!

Jedes Dorf könnte wie ein Freilicht-Museum aussehen. Immer wieder fahren wir durch langgestreckte Birkenwälder. Immer wieder winken uns die Menschen zu. Immer mal wieder eine Polizeikontrolle, die uns mit kugelsicherer Weste und umgehängter Kalaschnikow höflich begrüßt, als wären wir vom anderen Stern.

Die von ihren eigenen Landsleuten geschilderten Horrorgeschichten sind Schauermärchen und entsprechen nicht der Wirklichkeit. Man hat uns nie einen Dollar abgefordert und uns immer mit Respekt behandelt. Genau 102 Polizeikontrollen haben wir ohne Probleme passiert. Wann immer wir wollten, stiegen wir aus und haben uns immer sicher gefühlt. Gefahr für uns kommt nur von Hühnern, Enten, Kühen und Pferden, die plötzlich die Straße überqueren. Auch auf Kinder muss man aufpassen. Sie sind unberechenbar, wie überall auf der Welt.

Langsam weicht der Asphalt von der Mittagshitze auf. Wir fahren einen Schnitt von 70 km/Stunde. Noch ist die Straße gut befahrbar. Ab und zu treffen wir chinesi-

Ein typisches Kolchosen-Dorf in Russland.

32

sche Verkaufsstände, an denen wie überall auf der Welt, Krimskrams verkauft wird. Stofftiere, Thermoskannen, Öllampen. Alles findet irgendwann einen Abnehmer. Um 17.00 Uhr sind wir exakt 3000 km gefahren. Wir bedanken uns bei „Difty".

Auf den Toiletten an Rastplätzen bekommt man den Horror. Bretterhäuser mit Plumpsklos. Kein Ort zum Zeitung lesen. Bestialischer Gestank, dicke grün-schwarze Fliegen und Mücken umkreisen das berühmte Loch in der Erde. Beim „Geschäft" rutsche ich vom Rand mit meinen glatten Turnschuhen ab und lande mit einem Bein in der Güllegrube. Provisorisch wird das Missgeschick mit Wasser bereinigt.

Kurze Pause auf gut befahrbarer Straße.

Ein russisches „stilles Örtchen", kein Ort zum Zeitungslesen!

Immer wieder verschenken wir Schüsselanhänger, Stirnbänder mit der Aufschrift „Seestadt Bremerhaven", und kleben unseren Sticker von der Sail 2000 an alle fahrbaren Untersätze.

Bäuerinnen verkaufen Honig vor ihren Häuschen. Wir kaufen ein großes Glas und da wir noch Dosenbrot haben, ist unser Frühstück wieder gesichert. Wir brauchen unbedingt ein Nachtquartier. Duschen ist auch mal wieder fällig. Ein Straßenmarkt gibt uns die Gelegenheit, nach einem Hotel zu fragen. „Difty" ist sofort umringt. Manni ist nicht mehr zu sehen. Alle Kinder bekommen ein kleines Geschenk und sind glücklich.

Eine Russin spricht gutes Deutsch. Ihr Name ist Irena. Wir fragen sie nach Unterkunft mit Sauna. Sie sagte, sie hätte uns gerne mitgenommen, aber leider hat sie schon einen Mann. Sie kann uns aber beruhigen, einen Kilometer weiter soll es ein Hotel mit einem bewachten Parkplatz geben. Das Hotel entpuppt sich als ein altes Herrenhaus aus der Zarenzeit. Schnell ist das Nötigste ausgepackt und unser Zimmer bezogen. Wir haben sogar eine Dusche im Haus.

Das Personal heizt die Sauna für uns an. Meinen schwarzen Koffer mit 5700 Dollar nehme ich mit in die Sauna. Verdammt heisses Geld. Auf den Sitzbänken liegen frische Birkenzweige. Kaum sitzen wir auf der Pritsche erscheinen zwei Bademeisterinnen und beginnen, mit den Birkenzweigen unsere Körper zu peitschen. Dabei hatten wir doch nichts getan. Ein seltsamer Brauch, aber angenehm. Anschließend führen wir noch eine angeregte Diskussion über Land und Politik, bis wir müde und zufrieden in einen Tiefschlaf fielen.

7. Juni 1999

Der Wecker klingelt viel zu früh. Wir drehen uns noch mal auf die andere Seite und bleiben noch eine Stunde liegen.

Duschen, Frühstücken inklusive 2 Liter Seven up kosten 52 Rubel = 4,50 DM.

Wir sind 10 Kilometer vor Kusnezk – heute wollen wir 500 Kilometer schaffen. Kein Handykontakt mit Bremerhaven. Unser Pressemanager und unsere Frauen werden sich sicher schon Gedanken machen, wo wir uns aufhalten.

Bevor wir weiterfahren, führen wir ein paar Kleinreparaturen an „Difty" durch. Die Vergaserschrauben am Deckel werden nachgezogen, das obere rechte Fenstergummi mit Tape grau angeheftet und der rechte Scheinwerfer wird nachgezogen. Unser Höhenmesser zeigt null über Meereshöhe an. Unser letzter durchschnittlicher Verbrauch, gemessen über eine Distanz von 758 Kilometer, lag bei 5,5 Liter/100 Kilometer.

Wolkenloser Himmel und angenehme 35 Grad im Wageninneren. Unsere Geschwindigkeit liegt eben unter 80 km/h bei 3600 Umdrehungen. Die Größe des Landes ist beeindruckend. Neben der Straße dehnen sich Kolchosenfelder bis an den Horizont. Vierstellige Kilometerangaben auf Straßenschildern sind die Regel.

Die Temperatur beginnt zu steigen und langsam verflüssigt sich der Teer auf der Straße. Es wird gefährlich und Manni muss die Geschwindigkeit drosseln. Dafür bekommt „Difty" einen kostenlosen Unterbodenschutz. An Aussteigen ist nicht zu denken, es sei denn wir verlassen die Hauptstraße.

Entschädigt für die Strapazen werden wir mit Bildern von unfassbarer Schönheit. Mir kommen Aufnahmen aus dem Film „Doktor Schiwago" in Erinnerung.

Würde nicht ab und zu am Horizont eine großindustrielle Dreckschleuder auftauchen, könnte man meinen, wir wären im Paradies. Ungefiltert blasen die Russen ihre Abgase in den Himmel.

Plötzlich sehen wir vor uns ein Telefonamt mit der Aufschrift „Telekom". Wir wollen versuchen, ein Telefongespräch mit Bremerhaven zu führen.

Leider nicht möglich. Auslandsgespräche lassen sich nicht durchstellen.

Wir fahren weiter durch eine Mittelgebirgslandschaft mit großen Seen, Staudämmen mit riesigen Kraftwerken.

Um 15.00 Uhr sind es noch 475 Kilometer bis Ufa. 300 Kilometer wollen wir noch fahren. Um 19.00 Uhr erreichen wir eine Hotelanlage. Wir sind am Ende unserer Kraft. Besonders Manni, der pausenlos am Steuer sitzt und Unmenschliches leistet.

Duschen, Klamotten waschen, essen und schlafen. Keine Probleme!

Morgen wollen wir früh aufstehen. Es ist der 9. Tag unserer Reise. In 71 Tagen wollen wir wieder zu Hause sein.

Manni hat zum ersten Mal eine Unterhose gewaschen. Ich bin stolz auf ihn!

Für 0,32 DM/Liter gibt es hier Benzin.

8. Juni 1999

Wir haben es tatsächlich geschafft, um 6.00 Uhr aufzustehen und um 7.15 Uhr abzufahren. Der rechte, vordere Scheinwerfer wurde noch schnell von einem russischen Mechaniker repariert. Aufs Frühstück haben wir heute morgen verzichtet. Wir wollen an der Strecke essen. Wir wollen heute versuchen, von Ufa ein Fax abzusetzen, damit Bremerhaven endlich wieder ein Lebenszeichen von uns hat.

Plötzlich vor uns ein gelbes Straßenmeistereifahrzeug. Seit 2 Stunden haben wir kein Fahrzeug zu Gesicht bekommen. Langsam fahren! 2 Russische Arbeiterinnen markieren die Straßenmitte. Eine Russin geht am Band entlang und setzt weiße Farbtupfer auf den Asphalt. Wann werden sie wohl in Vladivostok ankommen?

Plötzlich ein Knall an der rechten Vorderachse. Der Wagen kommt ins Schleudern. Ich sehe gerade noch den Schmutzfänger wegfliegen. Ein Lastwagen kommt uns entgegen. Manni kann gerade noch ausweichen und manövriert „Difty" auf den Seitenstreifen, wo er in einer Staubwolke mit Schräglage zu stoppen kommt. Der Lastwagen entschwindet in der Ferne. Sollte es das Ende der Reise sein? 1200 km nach Moskau in dieser Einöde. Donnerwetter, das war knapp. Wir steigen aus, um den Schaden zu begutachten. Der Reifen war es nicht. Es sah auf den zweiten Blick nach Federbruch im Längszylinder aus.

Manni ist der Vorfall bös auf den Magen und Darm geschlagen. Plötzlich rennt er über die Straße und schreit laut nach Toilettenpapier und Feuchttüchern. Aber es war zu spät. Ein Teil ging voll in die Badehose. Für einen Moment war der Wagen verges-

Federbruch?
Ende der Reise?
Das wäre nicht auszudenken.

36

Schadendiagnose an „Difty" durch russische Fachleute.

sen. Erst mußte Manni wieder landfein gemacht werden. Die Sonne brennt erbarmungslos vom wolkenlosen Himmel. Wir wenden uns unserem Hauptproblem zu. Um uns herum sitzen große, schwarze Vögel, wir taufen sie KGB-Dohlen. Manni sagt: „Wir fahren weiter, aber im Schritttempo."

Ich verlagere mein Gewicht in die Wagenmitte, um den rechten Schwingarm zu entlasten. Langsam setzen wir uns in Bewegung. Wieder beginnt der Asphalt zu schmelzen. Wo sollen wir mitten im nirgendwo eine Reparaturwerkstatt finden? Nach 3 Kilometern stoppt die Polizei. Jetzt ist alles aus, denken wir. Aber die Beamten lachen, geben uns die Hand und Manni holt wieder sein Scrap-Buch raus. Wir haben wieder Freunde gewonnen. Sie machen uns die freudige Mitteilung, dass wir nach 2 Kilometern Fahrt eine der modernsten russischen Reparaturbetriebe vorfinden würden. Sollten wir doch unter einem guten Stern fahren? Sie schicken uns mit guten Wünschen weiter. Bald erreichen wir völlig erschöpft die Servicestation. Man hatte uns nicht zuviel versprochen. Werkstätten, Tankstelle, Restaurant.

Eine finnisch-russische Servicekette mit dem Namen „Tafoil". Wir sind augenblicklich von Mechanikern umringt. Solch ein Fahrzeug hatten sie noch nie gesehen. Wir müssen noch etwas mit der Schadensdiagnose warten, denn die Hebebühne ist gerade besetzt. Wir befinden uns in Bawlinskaja. Ich nutze die Wartezeit und tausche meine Breitling-Uhr (Blender) gegen eine russische Taschenuhr ein. Ich bin glücklich.

Endlich wird die Hebebühne frei und die Schadensdiagnose kann beginnen.

Russischer Mechaniker bei der Arbeit.

Schadensanalyse: Die zwei 120 Millimeter langen Haltebolzen des rechten Schwingarms sind abgerissen.

Reparatur: Reste der Gewindebolzen entfernen. Gewinde nachschneiden oder längere Bolzen einziehen. Aufwendige Brennarbeiten. Eventuell soll zur Sicherheit eine Schelle angefertigt werden. Beide Kotflügel sind abgebaut. Es sieht ernst, aber nicht hoffnungslos aus. Wir vertrauen der Improvisation.

Das für die Reparatur dringend benötigte Autogenschweißgerät fordert der Werkstattmeister telefonisch an. Nach einer Weile rollt ein riesiger Kamaz-Lkw vor dem Hallentor an, auf dessen Ladefläche die begehrten Gas- und Sauerstoffflaschen liegen. Der verwegen aussehende Schweißer und der Meister, der aussieht wie der Zwillingsbruder von Egon Krenz, machen sich an die Arbeit. Mittlerweile beschäftigen sich 10 Mitarbeiter um „Difty". Wer soll das bezahlen, frage ich mich. Es ist schon 14.00 Uhr und wir sehen noch keinen Fortschritt. Jetzt ist der Stangenbohrer zu kurz. Eine Spezialanfertigung muß her. Plötzlich helle Aufregung unter den Russen. Zwei Mercedes-Limousinen sind vorgefahren und bringen hohen Besuch. Der russische Generaldirektor mit Dolmetscher war zur Inspektion erschienen. Er betrachtet unseren Wagen auf der Hebebühne, läßt sich kurz den Sachverhalt schildern und trifft seine Entscheidung. Er verspricht uns eine kostenlose Reparatur. Und nachdem er uns seine Visitenkarte übergeben hat, sichert er uns Hilfe in ganz Russland zu.

Darüber hinaus sollte der Tank ohne Kosten für uns gefüllt werden. Uns standen die Tränen in den Augen und wir zeigten uns mit einem Wimpel aus Bremerhaven erkenntlich. Völkerfreundschaft pur. Wir werden zum Kaffee eingeladen und bekommen einen Stempel ins Logbuch. Telefonieren ist auch

Kleine Ursache, große Wirkung: „Diftys" neuer Achsbolzen.

von dieser Station nach Deutschland nicht möglich. Man will aber ein Fax für uns absetzen. Leider ist es nie angekommen und somit bleiben wir immer noch für unser Team in Bremerhaven verschollen. Die Arbeiten an „Difty" dauern nun schon 6 Stunden. Neue Bolzen müssen hergestellt werden. Spezialstahl ist nicht greifbar, also greifen wir auf Baustahl zurück, deren Oberfläche wir kurz anhärten. Schnell wird noch eine Schelle zur Verstärkung in einem nahegelegenden Dorf in einer Schmiede gebogen und verbohrt. Der Zusammenbau kann beginnen.

Endlich ist es soweit. Ein spannender Moment. Die Hebebühne wird langsam abgesenkt und die Reparaturstelle belastet. „Difty" hängt sich schräg auf. Bühne wieder hochfahren. Kontrolle. Eine Schweißnaht ist die Fehlerursache. Nacharbeit wird erforderlich. Erneuter Test. Alles o.k.! Der Meister macht mit Manni eine Probefahrt und fühlt sich dabei wie ein König. Alles im grünen Bereich. Jetzt nur noch die Kotflügel anschrauben und wir sind bereit zur Weiterfahrt in Richtung Ufa. Wir umarmen unsere schweißglänzenden, strahlenden, neuen Freunde und laden alle nach Deutschland ein. Auf Wiedersehen und tausend Dank.

Es gilt sieben wertvolle, verlorene Stunden aufzuholen. Aufgrund der hereinbrechenden Dunkelheit verlassen wir die M5 kurz vor Ufa und übernachten in einem

Truckstop-Hotel. Hier steigt die unterste Lkw-Fahrerkaste ab. Ich erinnere mich an meine Lehrzeit auf der Rickmers-Werft in Bremerhaven. Das „Hotel" sah wie die Schiffbauhalle aus. Ein unbeschreiblicher Schuppen.

Wir sind viel zu müde, um uns lange darüber Gedanken zu machen. Wichtig war für uns der bewachte Parkplatz. Die letzten Stunden hatten es in sich. Wir haben einen mittelschweren Sturm abgeritten. Wir sind von oben bis unten mit rotem Staub bedeckt.

Trotz fortgeschrittener Zeit bestellen wir uns für 23.00 Uhr die Sauna. Das Waschbecken in unserem Zimmer fiel bei der leichtesten Berührung gleich aus der Wand. Wir stellen das Becken an die Wand und gehen erstmal ins Restaurant. Wir essen Fisch und Huhn, trinken ein Bier und sind wieder oben auf. Zum Nachtisch bietet man uns noch zwei Mädchen an, die wir aber dankend ablehnen. Ab in

Unser „5-Sterne-Hotel"!

die Sauna, noch ein Wodka und ab ins Bett. Mücken, Mücken, Mücken! Tagesziel trotz Werkstattaufenthalt erreicht.

Am 13. Juni 1999 schreibt George B. für das Sonntagsjournal:
„Difty" ging in die Knie – Russen halfen bei Reparatur
Müller und Brümmer tagelang verschollen

Bremerhaven/Moskau – Was sich wie ein Szenario anhört, das man gut hätte planen können, um die Weltreise der beiden Bremerhavener Manfred Müller und Karl-Heinz Brümmer noch interessanter und spannender für die Medien zu machen, ist jetzt wirklich passiert. Müller und Brümmer waren tagelang verschwunden, über Handy nicht erreichbar. Selbst das russische Fernsehen gab eine Suchmeldung heraus. Dann großes Aufatmen auf beiden Seiten! Am Donnerstag letzter Woche konnten die Globetrotter wieder Kontakt mit Bremerhaven herstellen und melden: Alles in Ordnung! Am Samstag verließen die beiden Moskau in Richtung „Omsk". Das „Around the world team" in Bremerhaven versuchte wie immer, täglich Kontakt zu den beiden herzustellen. Aber auch umgekehrt ist abgemacht, dass die beiden per Handy oder vom Hotel aus sich in Bremerhaven melden. Doch tagelang gab es keine Lebenszeichen von den Weltenbummlern.

Das Team in Bremerhaven weiß, wenn Manni und „Matterhorn" einigermaßen gut voran kommen, müssen sie in der Gegend um Ufa sein, etwa 1000 Kilometer hinter Moskau in Richtung Omsk. Per Internet werden unzählige Hotels an der Strecke ausfindig gemacht und angerufen. Aber vom 2-CV-Team keine Spur.

Das Team setzt sich mit dem russischen Fernsehen in Verbindung und von dort aus sichert man zu, dass eine Suchmeldung durchgegeben werden soll, mit der Bitte an die beiden, sich in irgend einer Form zu melden. Die lokalen Radiosender in der Gegend unterstützen dieses Vorhaben, informieren sogar die Polizei, dass auch die nach den Abenteurern Ausschau hält.

Ferner hat man vom Bremerhavener Büro aus mit einem sehr freundlichen und entgegenkommenden Herrn der Moskauer Presse Verbindung aufgenommen. Ursprünglich, um der russischen Bevölkerung die erste Weltreise Manni Müllers nahezubringen. Inzwischen hat sich dieser Journalist als sehr hilfreiche Stütze erwiesen. Allerdings ist auch er im Moment ratlos.

Dann am Donnerstagmorgen der erlösende Anruf. Alles in Ordnung, alle gesund, lediglich dem 2 CV „Difty" sind die Straßenverhältnisse auf den Magen geschlagen, besser gesagt, auf die Schwingarme . . . usw.

Zurück zu den Ereignissen!

9. Juni 1999
Wecken um 5.00 Uhr, Mückenplage. Frisch machen und nichts wie weg. Kurze Kaffeepause mit Honigbrot an der M5. Unser Ziel heute Cheljabinsk. Entfernung von Ufa zirka 390 km. Mannis Lenkrad ist nur noch schwer zu bewegen. Wir fahren eine Autowerkstatt an, um die Lenkung abschmieren zu lassen. Kein Schmierfett, keine

Ahnung. Wir sind sofort von rumänischen Kindern umringt. Wir müssen höllisch aufpassen. Gefahr droht von allen Seiten. Wir sichern die Türen. Die Kinder wollen uns „Russisches Gold" verkaufen, laufen aber mit zerlumpter Kleidung und barfuß herum. Sie sind frech und aufdringlich. Nichts wie einsteigen und weiterfahren.

Um 10.45 Uhr ist wieder ein Höhepunkt unserer Fahrt. Wir sind 4000 km gefahren. Nächster Halt an einem Rastplatz mit einer unbeschreiblichen Toilette. Ein Russe schenkt Manni eine Tube Fett. Und er kann endlich seine Lenkung schmieren. Wir helfen einer Familie beim Reifenwechsel. Mannis Hemd ist total versaut, es wird verschenkt. Manni bekommt ausnahmsweise ein Neues.

Wir fahren durch ein harzähnliches Mittelgebirge. Plötzlich taucht ein russisches Flötenduo am Straßenrand auf. Wir sind sofort hellwach. Wir hören uns kurz die Musik an. An kleinen blauen Hinweisschildern mit 1 km Abstand kann man gut die Fahrleistung kontrollieren.

Die Landschaft wird immer schöner. Super Wetter, 25 °Celsius. Um 17.00 Uhr erreichen wir Cheljabinsk. Wir fahren in Richtung Kurgan weiter.

Heute verzichten wir auf ein Hotel. An einer Raststätte auf einer Hochebene übernachten wir im Auto. Die Nacht ist empfindlich kalt. Manni war clever. Er sitzt im Schlafsack auf dem Pilotenplatz und schwitzt wie ein Affe. Ich friere mir auf dem Beifahrersitz den Arsch ab und kann die aufgehende Sonne kaum erwarten. Ich habe die ganze Nacht vor Kälte kein Auge zu bekommen.

10. Juni 1999

Es ist 5.00 Uhr morgens. Noch 240 km bis Kurgan. Noch 720 km bis Omsk. Noch 8000 km bis Vladivostok. Mir wird schwarz vor Augen, wenn ich an die Entfernung denke.

Über der Taiga geht die strahlende Morgensonne auf. Ihre Strahlen durchfluten den aufsteigenden Morgennebel. Weiß heben sich die uns umgebenden Birkenstämme von dem satten Grün der unendlichen Ebene ab. Die Temperatur beträgt 10°Celsius. Manni hat gut geschlafen. Ich bin wie gerädert. Kurzer Wagencheck. Kabel zum Scheinwerfer nachisoliert (Tape Grau), Rücklichter repariert. Benzin haben wir noch genug.

Nach 5 km Fahrt schon wieder eine Straßensperre. Wir werden von der schwer bewaffneten Polizei gestoppt. Die Beamten lächeln uns an und kontrollieren die Wagenpapiere. Wir sind schon daran gewöhnt und Angst haben wir schon lange nicht mehr.

Wo sind die vielen verkleideten Polizisten, die uns das Geld abnehmen? Bis heute hat nicht ein einziger in unser Gepäck geschaut. Wir frühstücken in einem ausrangierten Eisenbahnwaggon der transsibirischen Eisenbahn. Manni verschwindet häufig mit Klopapier und Feuchttüchern bewaffnet im Unterholz. Wenn er zurück kommt, haben die Mücken gnadenlos zugestochen. Armer Manni.

Um Mannis Reaktion und Fahrtüchtigkeit zu testen, spreche ich ihn alle halbe Stunde mit den Worten an: „Bist du fit Manni?" Kommt nicht sofort eine positive

Reaktion von seiner Seite, wird die Fahrt umgehend unterbrochen. Entweder wir vertreten uns kurz die Beine auf der Landstraße oder es wird ein Kurzschlaf eingelegt.

Wir halten an einer modernen Servicestation. Manni schläft im Wagen und träumt. Vielleicht träumt er von Andrea. Ich übernehme die Bewachung. „Difty" ist sofort von Russen umlagert. Ich muß viele Fragen beantworten.

Kurze Besprechung. Wir beschließen in Kurgan zu bleiben, um den Bürgermeister zu besuchen. Es ist 13.30 Uhr. Wir fahren in die Innenstadt zum Postamt. Dort wollen wir ein Fax nach Deutschland absetzen und eventuell telefonieren. Ich bekomme Kontakt mit drei Studentinnen, die uns schon länger beobachtet hatten. Die drei sind für uns ein Glücksgriff. Wir können mit ihnen Deutsch und Englisch sprechen.

Kurgan hat 400.000 Einwohner. Die Bevölkerung ist sehr arm. Auch hier zeigen sich die negativen Einflüsse der sogenannten freien Marktwirtschaft. Die Bausubstanz ist sehr schlecht. Alles ist heruntergewirtschaftet. Es wird Generationen dauern, um Verbesserungen zu erreichen.

Die Straßen in der Stadt sind katastrophal. Alte Busse mit elektrischen Hochleitungen sind auch hier das Hauptverkehrsmittel. Wenig Pkws. Anschaffung und Benzin sind für die Russen unerschwinglich.

Ein Lehrer verdient zirka 450 Rubel im Monat. Das sind 40,- DM. Die Auszahlung der Löhne und Gehälter lässt manchmal Monate auf sich warten. Man hält sich mit Improvisation über Wasser. Uns wird immer mehr bewusst, in welch einem Schlaraffenland wir doch leben.

Wir wollen unser Logbuch unbedingt beim Oberbürgermeister vorlegen. Als Übersetzerinnen heuern wir sofort die Studentinnen an. Sie sagen uns ihre Hilfe zu. Wir parken direkt vor dem Rathaus und Lenin lächelt uns zu. Sofort sind wir von wissensdurstigen freundlichen Menschen umringt. Wir landen, nachdem wir die Sicherheitskräfte passiert haben, im Vorzimmer des Oberbürgermeisters. Die Sekretärin meldet uns an und der Oberbürgermeister empfängt uns in einem riesigen Büro. Es stellte sich mit Anatol vor und nimmt uns wie alte Freunde spontan in die Arme. Uns bleibt die Spucke weg.

Wir tragen unser Anliegen vor, erzählen von unserer Mission und übergeben ihm unseren Wimpel mit besten Grüßen unseres Oberbürgermeisters Manfred Richter. Er läßt unser Logbuch stempeln und unterschreibt die Dokumente.

Während dessen wurde der Presseattaché Valerie informiert und uns vorgestellt. Er bringt gleich eine Reporterin vom Radiosender Kurgan mit. Sie führt ein Interview mit uns. Zur gleichen Zeit hat die Sekretärin schon ein Hotel für uns gebucht. Für die Zeit unserer Anwesenheit in Kurgan wird uns der Presseattaché zur Seite gestellt. Wir verabschieden uns von Anatol und fahren mit Polizeieskorte zum Pressezentrum der Stadt Kurgan.

Dort werden wir herzlich empfangen und bei Tee und Pralinen für die Zeitung interviewt. Unsere Dolmetscherinnen folgen wie Schatten. Auch für sie ist es ein ganz besonderer Tag. Plötzlich überschlagen sich die Ereignisse. Das Fernsehen taucht auf. Wir werden gefilmt und befragt. Als sie erfahren, daß wir Musik machen, gehen wir alle in den Hof, der wie eine Müllhalde aussieht. Wir holen die Gitarre aus dem Wagen und beginnen zu singen. Eine Journalistin bittet Manni um die Gitarre und singt uns das Lied „Der Bremer Stadtmusikanten" auf russisch vor. Alles wird vom Fernsehen gefilmt.

Wieder ein Interview. Immer wieder gleichen sich die Fragen zur Befahrbarkeit der Straßen, Häufigkeit der Polizeikontrollen an der Strecke, Mafia. Wir können nur berichten: Die Polizisten sind alles unsere Freunde und das Gefährlichste in Russland sind die „Mücken". Wir haben die Lacher auf unserer Seite.

Mit der Auflage vom Oberbürgermeister Anatol uns am nächsten Morgen um 10.15 Uhr im Rathaus einzufinden, fahren wir mit Geleit zum Hotel. Es handelt sich um einen Neubau. Wir erhalten eine Suite. Wir geben unsere Schmutzwäsche ab und machen uns landfein. Wir laden unsere Dolmetscherinnen zum Abendessen im Hotel-restaurant ein. Sie haben es verdient.

Zwischenzeitlich hat das Sicherheitspersonal festgestellt, daß eine Autotür von „Difty" nicht verschlossen ist. Wieder eine neue Erfahrung. Es wird ein erlebnisreicher Abend und wir diskutieren viel über Land und Leute. Die Politik lassen wir aus.

Eine russische Journalistin singt für uns das Lied von den „Bremer Stadtmusikanten".

Die Studentinnen sind froh ihr schulmässig erlerntes Deutsch anzuwenden. Sie haben ansonsten überhaupt keine Möglichkeit dazu.

Langsam werden wir müde. Der lange Tag und die Erlebnisse fordern ihren Tribut. Auf Wiedersehen bis morgen. Endlich wieder ein sauberes Bett. Glücklich und zufrieden schlafen wir ein. Unser nächstes Ziel ist „Omsk".

11. Juni 1999

Nach einem ausgezeichneten Frühstück packen wir unsere Sachen und fahren zum Rathaus.

Unsere Studentinnen warten schon am Eingang. Pünktlich werden wir beim Oberbürgermeister vorgelassen. Er begrüßt uns wieder mit Umarmungen. Radio und Fernsehen sind schon zur Stelle. Wir werden wie beim Staatsbesuch behandelt. In 50 Minuten sind wir live auf Sendung. Manni ist ja schon berühmt, langsam werde ich es auch. Jetzt fehlt nur noch die Nationalhymne. Unsere Augen werden schon wieder feucht. Man verspricht uns, die Digitalbilder per Internet nach Deutschland zu schicken. Der Oberbürgermeister erhebt sich feierlich und übergibt uns Grußbotschaften für unseren Oberbürgermeister in Bremerhaven in Englisch und Russisch. Auch wir bekommen Dankschreiben der Stadt Kurgan.

Wir werden mit Umarmungen und guten Wünschen auf den Weg geschickt. Man bietet uns Polizeigeleit bis zur Stadtgrenze an. Wir lehnen dankend ab. Valery, der Presseattaché, läßt es sich nicht nehmen uns zur Hauptstraße nach Omsk zu geleiten. Natürlich wollen die Studentinnen auch mit. Wir erhalten kleine russische Puppen als Gastgeschenke und bedanken uns für die Gastfreundschaft.

„Wenn man noch nie ein Herz von innen gesehen hat, sollte man Russland besuchen!"

Bis Omsk sind es noch 350 km. Dabei müssen wir durch Kasachstan. Mal sehen, was uns an der Grenze erwartet. Papiere haben wir auf jeden Fall keine. Das Wetter verschlechtert sich und wir bekommen starken Seitenwind. Manni fährt extrem links um die Windstöße, die „Difty" treffen, auszugleichen. Wir haben Bedenken, auf der rechten abschüssigen Straßenseite abzurutschen.

Es ist 16.00 Uhr und es fängt stark an zu regnen. Die Straße verwandelt sich in eine Schlammpiste. Um die Zeit zu überbrücken, erzählt mir Manni sein ganzes Leben in Etappen. Er ist in meinen Augen schon jemand Besonderes. Noch 60 km bis zur Grenze. Die Spannung steigt.

Kasachstan, freundliche, hilfsbereite Menschen.

44

Am Grenzübergang werden wir zur Zollabfertigung gebeten. Keine Probleme. Wir sind in Kasachstan. Wir müssen uns kurzfristig auf eine neue Währung einrichten. „Tenga" heißt das uns unbekannte Geld. Ein US-Dollar gleich 124 Tenga. Wir essen noch schnell ein Schaschlik. Das Wetter und damit die Straße wird immer schlechter. Manni kommt nicht aus dem 3. Gang.

Mit hoher Geschwindigkeit überholt uns ein Mercedes 500 – kein Problem für dieses High-Tech-Fahrzeug. Wir kämpften uns langsam aber sicher vorwärts und „Difty" schnurrt gleichmässig vor sich in. Langsam beginnt es zu dämmern. An der Straße finden wir kein Hotel. Wir müssen nach Petroponslowsk. Im ersten Haus am Platze, machen wir Quartier. Duschen, essen, schlafen!

Ich träume von dem Grenzübergang von Russland nach Kasachstan. Ich glaube ich war am „Arsch der Welt".

12. Juni 1999

Heute ist Samstag. Wir sind 5 Stunden vor Deutschlandzeit. Das Zeitgefühl haben wir schon lange verloren. Strahlend blauer Himmel, aber sehr kalt. Manni füllt noch etwas Öl nach, während ich unsere gefahrene Route auf der Heckkappe ergänze. Wir fahren in Richtung Omsk.

Um 10.30 Uhr geraten wir in eine Verkehrskontrolle und werden wegen zu schnellen Fahrens um 5 Dollar erleichtert. Den Grenzübergang von Kasachstan nach Russland erreichen wir um 13.05 Uhr und überschreiten ihn ohne Formalitäten. Wir zeigen nur unsere Dankschreiben von Kurgan und Zeitungen vor und schon haben wir freie Fahrt. Von der Grenze sind es noch 140 km bis Omsk.

Die Unendlichkeit dieses Landes macht uns melancholisch. Da Wochenende ist, haben wir keine Möglichkeit, unser Logbuch dem Oberbürgermeister vorzulegen. Wir machen noch einen Kaffeestop 56 km vor Omsk. Die kleine Bude ist mit russischen Fahnen und Lenin-Emblemen ausgeschmückt.

56 km vor Omsk: Wir erleben Kommunismus „pur"!

45

Außerdem hängt da noch eine Münz- und Geldscheinsammlung aus der ganzen Welt. Wir tauschen Embleme aus und werden zum Essen eingeladen. Wir machen Fotos, und Manni und ich singen die alte russische Nationalhymne. Freundliche Russen schenken mir zum Abschied ein Taschenmesser. Völkerfreundschaft pur. Wieder ein unvergessliches Erlebnis.

In Omsk halten wir mitten in der Stadt, um uns ortskundig zu machen. Sofort wird „Difty" umringt von Menschen, die uns helfen wollten. Ganz in der Nähe ist ein grosser Park. Musikfetzen erreichten uns. „Da fahren wir hin" sagt Manni.

Wir rollen auf einen großen Platz vor dem Parkeingang. Die Polizei weist uns einen Parkplatz an. Kaum sind wir mit unseren roten Jacken ausgestiegen, beginnt für uns das Unfassbare. Wir sind plötzlich Mittelpunkt des „Unabhängigkeitsfeiertags" geworden. Hunderte von Menschen umringen „Difty" und bestürmen uns mit Fragen. Deutsche Wortfetzen können wir aufgreifen. Als Manni auch noch die Motorhaube öffnet, ist das Chaos perfekt. Ich bin so eingekeilt, dass mir die Luft weg bleibt. Alle wollen Autogramme. Wir schreiben uns die Finger wund. Man reicht uns Mützen, Geldscheine, Fotos, Zettel. Wir unterschreiben alles. Ein junger Vater übergibt mir ein Foto mit seinem Sohn und bittet mich, das Bild symbolisch mit um die Welt zu nehmen. Mit leuchtenden Augen werden uns immer wieder die gleichen Fragen gestellt. Wie verhalten sich die Polizeikontrollen? Wie werden wir behandelt? Wie sind die Straßen?

Wir können uns auch hier immer nur positiv äussern. „Difty" wird von allen Seiten betatscht. Er wackelt bedenklich und kommt durch das Gedränge sogar leicht ins Rollen. Kleine Schäden am Wagen sind unvermeidlich. Der linke Scheinwerfer ist abgebrochen. Wir befürchten schlimmere Schäden. Wir müssen unbedingt weg. Aber wie sollen wir durch die Menschenmassen durchkommen, ohne jemanden zu verletzen? Wir schreiben immer noch Autogramme.

Die Hotelsuche wird uns erleichtert, indem uns ein Russe einen Stadtplan schenkt. Wir steigen in den Wagen. Manni lässt mehrmals seine Sirene aufheulen und alles stiebt auseinander und gibt uns den Weg frei. Durch ein Spalier von jubelnden Menschen und mit Polizeieskorte verlassen wir das Festgelände und fahren zum „Tourist-Hotel".

Kreuz und quer fahren wir durch die 1,2-Millionen-Stadt zum ersten Haus am Platze direkt an der Flusspromenade gelegen. Wir kommen nicht zur Ruhe, vor dem Hotel erwarten uns zwei russische Autojournalisten, Leo und Anatol. Sie zeigen großes Interesse an unserer Fahrt um die Welt und sie fotografieren uns von allen Seiten. Eine deutsche Touristengruppe gesellt sich dazu, alle aus Heidelberg. Mit dem Lied „Ich hab mein Herz in Heidelberg verloren", verabschieden wir uns und beziehen unser Doppelzimmer.

Vorher singt Manni noch ein paar Arien in der riesigen Hotelhalle, während ich mich zerreisse, um die komplizierten russischen Anmeldeformulare auszufüllen. Ein harter Job als „Co-Pilot". Um 21.00 Uhr hat uns der Motor-Journalist Leo zum Essen eingeladen. Bei der Suche nach einem Restaurant laufen wir durch halb Omsk.

Leo gibt nicht auf und wir fahren mit dem Taxi in einen Aussenbezirk. Pech gehabt, leider geschlossen. Wieder zurück zum Hotel. Am Fluss vorm Hotel landen wir in einem Zelt. Es ist kühl geworden und das kalte Bier lässt auch keine Stimmung aufkommen. Wir essen notgedrungen noch ein paar Fleischtaschen und verabschieden uns um Mitternacht und sinken todmüde ins Bett.

„Difty" ist auf einem bewachten Parkplatz sicher untergebracht. Morgen müssen erst einmal die Schäden behoben werden. Unser Benzinverbrauch lag wieder unter 6 Liter. Wir haben die 5000 km Marke überschritten.

13. Juni 1999

Heute ist Sonntag in Omsk und natürlich auch in Bremerhaven, wo „Vadder" gerade das „Sonntagsjournal" aus dem Briefkasten geholt hat. Mal sehen, ob wieder was drin steht von den „Beiden". George's Berichte sind sehr beliebt in der Stadt und Umgebung. Man hört dann schon mal leicht Gespräche am Kaffeetisch, wie zum Beispiel: „Erika, dass wär doch auch mal was für mich gewesen!" „Für dich Gerold – dass ich nicht lache. Du mit deinem eingeklemmten Ischias-Nerv wärst doch nur bis Beverstedt gekommen. Ich weiß gar nicht, warum du immer zur Kur musst. Du und nach Sibirien. Das wüsst ich aber!"

Wir denken an unsere Familien zu Hause und bereiten uns auf die nächste Tagesetappe vor. Vier Faxe haben wir absetzen können. „Diftys" Blessuren haben wir notdürftig repariert. Auf dem Parkplatz erhalten wir von einem Marlboro-Vertreter mehrere Stangen Zigaretten geschenkt. Dazu zwei Schirme und Umhängetaschen. Wir fahren über Barabinsk in Richtung Nowosibirsk, bis dort sind es noch 585 km. An einem Tag nicht zu schaffen.

Bei der Ausfahrt aus Omsk fahren wir über unvorstellbar schlechte Straßen. Das sind keine Schlaglöcher nach unserer Vorstellung, sondern böse Fallen. „Difty" schaukelt wie ein Schiff auf hoher See.

Die Industriebetriebe am Stadtrand sind völlig heruntergekommen und haben keine Chance zu überleben. Keine dieser Anlagen würde im modernen Europa eine Zulassung zur Produktion bekommen. Mit der Wirtschaft geht es ständig bergab. Es fehlt einfach das erforderliche Kapital für Investitionen und Moskau liegt weit. Gelder des internationalen Währungsfonds versickern in dunklen Kanälen in Sibirien. Massenwohnsilos verfallen. Die Balkone sind lebensbedrohlich. Unter den Hauseingängen habe ich Netze gesehen, die herunter fallende Steine und Putz auffangen sollen. Ein schreckliches Bild. Wie soll für diese armen Menschen die Zukunft aussehen?

Wir erreichen eine sogenannte Tankstelle. Auf dem Vorplatz stehen uralte verrostete Tanksäulen von denen nur ein Teil betriebsklar ist. Der Boden ist öldurchtränkt. Eine Zeitbombe. Die Fenster des Kassenhäuschens sind vergittert. Die Tür ist von innen verriegelt. Die gewünschte Literzahl ist vorher anzugeben und zu bezahlen. Das Geld schiebt man mit Schwung in einem Holzkasten in Richtung Kassiererin. Erst jetzt wird die Zapfsäule freigegeben, eine Kontrolle über die getankte Treibstoffmenge hat man nicht. Weiter.

„Difty" als Mondfahrzeug?

Manni rast mit 80 km/h über die menschenleere Straße in Richtung Nowosibirsk. Das Land ist sehr flach und die Straße verhältnismäßig gut ausgebaut. Die transsibirische Eisenbahnlinie verläuft rechts von uns in Fahrtrichtung. Bahnübergänge sind nur mit allergrößter Vorsicht im Schrittempo zu überqueren. Die bis zu 20 Zentimeter über dem Straßenniveau liegenden Gleise machen den Schwingarmen schwer zu schaffen.

Kolchosen dehnen sich bis an den Horizont aus. Platt wie ein Brett. Hier kann man schon 4 Wochen vorher seinen Besuch erkennen. Hin und wieder sehen wir Herden mit wilden Pferden. Ein frisch geteerter Straßenabschnitt verleitet Manni dazu die Geschwindigkeit auf 100 km/h zu erhöhen. Der achterliche Wind wird immer stärker. Windstärke 9 schätzen wir. Wir fliegen im Rausch der Geschwindigkeit nur so dahin. Schneeweiße Birkenstämme, deren Kronen abgebrochen sind, säumen Kilometer lang die Straße.

Wir suchen nach einer Erklärung und kommen zu dem Schluss, dass im sibirischen Winter mit bis zu 50° minus Temperaturen die Birkenstämme gefrieren. Sie sind dann sehr empfindlich gegen Stürme. Hier muss es im letzten Winter zu einer Naturkatastrophe gekommen sein. Es sieht schaurig schön aus. Wir reiten weiter auf dem Sturm nach Barabinsk.

ZWISCHENFALL: Manni hat ein Stück 5 x 6 Millimeter seiner provisorischen Zahnbrücke in der Hand. Ich lokalisiere die Örtlichkeit. Sechs rechts unten. Keine Schmerzempfindung. Wir überlegen eine Reparaturmöglichkeit. Tape grau scheidet aus. Sekundenkleber kommt in die engere Wahl.

Hin und wieder bemerken wir ein knackendes Geräusch unter dem Chassis. Vielleicht hängen sich die Längsfedern auf. Wir sind beunruhigt. Abhilfe können wir im

Augenblick nicht schaffen. Auf der rechten Fahrbahnseite liegt ein Pkw mit Warnblinkleuchte im Straßengraben. Die Windschutzscheibe ist zertrümmert. Der Fahrer steht fassungslos daneben. Auf dem Boden liegt ein totes Fohlen. Beim Überqueren der Straße muss der Pkw auf das Fohlen geprallt sein. Wie sich dieser Vorfall versicherungstechnisch klären wird, werden wir nie erfahren.

Gegen 18.00 Uhr suchen wir eine Unterkunft. Abseits der Hauptstraße finden wir eine durch Sicherheitskräfte geschützte neue Raststätte. Die Zimmer und der Gaststättenbereich sind modern eingerichtet. Kosten 140 Rubel = 12,- DM für ein Doppelzimmer. Erst einmal etwas Essen.

Kaum sitzen wir am Tisch, wird uns eine Flasche Krimsekt von einer Gruppe russischer Lkw-Fahrer überreicht. Es sind einfache Menschen, die selbst mit jedem Rubel rechnen müssen. Gastfreundschaft pur. Wir bedanken uns, umarmen unsere Spender. Wir sind langsam dabei, ganz Russland zu umarmen. Ein Glücksgefühl durchströmt dabei unsere Körper. Wir werden informiert, dass unsere Sauna bereit steht. Der Sekt hat Durst auf mehr gemacht. Wir gönnen uns noch eine Flasche. Es kommt wieder Leben in unsere Körper. Wir gehen nochmal ins Restaurant, bekommen Kontakt mit zwei Mitsubishi-Pajero-Fahrern. Wir erkundigen uns nach den Straßenverhältnissen nach Novosibirsk. Sie schenken uns ihren Atlas.

14. Juni 1999

Heute ist der 16. Tag unserer Weltreise. Bis Novosibirsk sind es noch 300 km. Wir sitzen beim Frühstück. Draussen ist es sehr windig. Plötzlich erscheint einer der Sicherheitsbeamten und meldet, dass „Difty" verschwunden ist.

Wir springen sofort auf und eilen nach draußen. Wir finden unsern alten Gefährten unweit vom Hotel in einem 4 Meter tiefen Entwässerungsgraben. Manni hatte den Gang nicht eingelegt. „Difty" war zirka 60 Meter durch den Wind getrieben über die Böschung gerollt.

Ein Schreck in der Morgenstunde. Nicht auszudenken, wenn der Graben voller Wasser gewesen wäre. Die Reise hätten ein jähes Ende gefunden. Manni fährt den Wagen mit Schwung aus der Talsohle. Hunger haben wir nicht mehr. Der Vorfall ist

„Difty" im Graben –
aber der war ohne Wasser:
Glück muss man haben.

Noch 225 km bis
Novosibirsk,
3146 km bis Tschita.

uns ganz schön auf den Magen geschlagen. Wir fahren los. Der Himmel ist mit Regenwolken verhangen. Nur in der Ferne schimmert am Horizont ein leichtes Blau durch.
Die Temperatur liegt bei 14° Celsius. Wir werden durch eine steife Brise voran getrieben. Es sind keine Böen, sondern ein gleichmäßiger Sturm, wie von einem Gebläse
erzeugt.

Wieder haben wir diese nicht erklärbaren Knackgeräusche unter dem Wagen. Wir
zucken jedes Mal zusammen. Wir halten kurz an um uns die Beine zu vertreten. Aus
der Ferne hören wir die Schienengeräusche der transsibirischen Eisenbahn. Wenn
man sich 20 Meter von der Straße in den Birkenwald begibt, wird man von Mücken-
schwärmen überfallen. Zelten können wir uns nicht vorstellen.

Weiter geht die Fahrt. Der Wind kommt jetzt von der Seite und bläst so stark, dass
sich in Deutschland kein Containerfahrzeug auf die Straße trauen würde. Langsam
setzt sich die Sonne durch. Um 14.00 Uhr erreichen wir den äußeren Polizeiring von
Novosibirsk. Wir werden wie immer freundlich begrüßt. Einer der Beamten zeichnet
uns den Weg zum Rathaus auf. Nach einer kurzen Fahrt fragen wir erneut zwei Polizisten nach dem Weg. Sie eskortieren uns mit ihrem Streifenwagen zu einer Polizeista-
tion am Stadtinnenring. Sie waren gerade damit beschäftigt, eine Radarkontrollanla-
ge zu installieren. Für uns bauen sie die Geräte wieder ab und eskortieren uns mit
Blaulicht in die Innenstadt zum Lenin-Platz.

Wir parken und gehen direkt zum Rathaus, um unser Logbuch besiegeln zu lassen. Leider ist heute ein Feiertag und alle wichtigen Leute sind nicht im Hause. Wir

müssen es morgen erneut versuchen. Wir wollen weiterfahren, als uns ein betrunkener Russe daran hindern will. Wir schütteln ihn ab.

Manni wendet „Difty" auf dem Paradeplatz etwas forsch. Dabei öffnet sich die rechte Hintertür. Das Toilettenpapier und der Atlas segeln auf den Platz. Wir halten an und während ich den Atlas rette, rollt Manni in einer waghalsigen Aktion das Toilettenpapier im fließenden Verkehr auf. Eine 6 Meter lange Papierfahne ist nicht so leicht zu bändigen.

Wir parken vor dem Restaurant „Grillmaster" und sind sofort umringt. Man fragt uns Löcher in den Bauch. Wir schließen Kontakt mit Tanja und Peter Somerville (Peter ist Engländer und wohnt in Hastings). Er hält irgendwelche Vorträge in Novosibirsk und hat sich Tanja als Dolmetscherin angeheuert. Sie sind begeistert von unserem Vorhaben und informieren die Medien.

Das Fernsehen will uns am nächsten Tag im Hotel anrufen. Das Hotel „Central" liegt ganz in der Nähe und verfügt über einen bewachten Parkplatz. Während wir parken, sagt ein Russe aus Kasachstan: „Wo wollt ihr denn mit der Schrottkiste hin?" Dafür erhält er einen Verweis von uns. Auf „Difty" lassen wir nichts kommen. Wir beziehen unser Zimmer und machen uns landfein. Wir wollen uns noch ein wenig die Beine vertreten.

Uns überholt ein Pferdegespann (Panjewagen) mit einem buntgeschmückten Gaul. Uns war das Gefährt schon einmal heute am Stadtrand aufgefallen. Wir halten den Wagen an und mieten ihn für eine kurze Stadtrundfahrt. Es ist schwer, sich bei der Vielzahl wunderschöner Russinnen, die an uns vorbeiflanieren, zu konzentrieren. Sie bewegen sich wie Models auf dem Laufsteg. Stolz tragen sie ihre weiblichen Vorzüge zur Schau.

Ich halte folgendes fest. „Es gibt lange Beine, ganz lange Beine und die Beine der Frauen von Novosibirsk!"

Schauen ist erlaubt. Die ganze Stadt ist in ein Blütenmeer eingehüllt. Weiße Pappelblüten wehen wie Schneeflocken durch die Straßen und verwehen zu Blütenhaufen an den Kantsteinen der Bürgersteige. Dazu milde 22° Celsius. Eine traumhafte Umgebung. Wir suchen unser Hotel auf und begeben uns zur wohlverdienten Ruhe.

15. Juni 1999

Um 7.30 Uhr lassen wir uns wecken. „Difty" wird klar gemacht und vor das Hotel gefahren. Wieder so ein Traumwetter mit Blütenregen. Um 11.30 Uhr hat sich das Fernsehen angekündigt. Manni geht vorher noch zum Frisör. Der Bart an der Oberlippe wird entfernt. Der „Seebeck-am-Markt"-Haarschnitt muss dran glauben und weicht einem modernen Styling. Die leicht angegrauten Schläfen werden leicht nachgetönt. Nach jeder Prozedur wirkt er jünger. Hoffentlich lässt er sich nicht auch noch schminken. Meine moderne Bundfaltenhose lehnt er rigoros ab. Jetzt sieht er aus wie 45 und fühlt sich sauwohl.

Das Fernsehen, TV-Morning Programm „TOGETHER" steht bereit zur Aufnahme. Die Moderatorin heißt Kathrin und macht einen profihaften Eindruck. Um einen würdigen Hintergrund für die Aufnahmen zu haben, fahren wir mit dem ganzen Team in einen Park mitten in der Stadt. Das Interview läuft super ab. Alle sind begeistert. Wir singen zum Abschluss noch ein paar deutsche Lieder. Am 16. Juni 1999 sollen wir morgens auf Sendung gehen.

Die Zeit drängt. Wir müssen noch zum Oberbürgermeister mit unserem Logbuch. Leider ist er auf Auslandsreise. Stellvertretend nimmt die Chefin der internationalen Cooperation unsere Grüße der Stadt Bremerhaven entgegen. Danksagungen werden per Internet der Stadt Bremerhaven übermittelt. Unser Logbuch wird besiegelt und wir machen uns auf den Weg zum Deutschen General Konsulat.

NOVOSIBIRSK –
Geschenke vom Generalkonsul Schmiedchen,
die wir an die Kinder verteilt haben.

Der erste Eindruck bei unserer Ankunft ist niederschmetternd. Das Gebäude ist einer deutschen Vertretung nicht würdig.

Die Unterkunft muss noch aus Zeiten vor der Wende stammen. Auf dem Bürgersteig lange Warteschlangen ausreisewilliger Sowjetbürger. Wir gehen direkt zur Anmeldung. Erst auf massiven Druck bequemt sich ein deutscher Staatsangestellter uns anzuhören.

Manni nimmt kein Blatt vor dem Mund und schon bessert sich unsere Situation. Der erste Konsul, Herr Schmiedchen, ist geneigt, uns zu empfangen. Er ist sehr angetan von unserer Tour und er erlaubt uns ein kostenloses Fax an George B. nach Deutschland abzusetzen. Außerdem bekommen wir Geschenke. Unter anderem einen Stapel Bücher mit deutscher Staatsbürgerkunde. Wir verabschieden uns und fahren zurück zum Grillmaster.

Manni holt seine Gitarre raus und unterhält pausenlos die Gäste vor dem Restaurant. „Difty" ist ständig in einer Menschentraube. Und ich muss hunderte von Fragen beantworten.

Manni erzählt den Russinnen, ich wäre „Playboyfotograph" und sie lassen sich bereitwillig mit „Difty" fotografieren. Zur Belohnung gibt es eine Broschüre über Deutschland. Schnell sind alle Bücher vergriffen. Viel zu schnell vergeht ein unvergesslicher Nachmittag.

Unsere Dolmetscherin Tanja erscheint mit ihrer 11jährigen Tochter und lädt uns ein, in ihrer Wohnung zu übernachten. Wir nehmen dankend an und fahren in eine Plattenbausiedlung. Sie wohnt im 4. Stock einer total heruntergekommenen Mietskaserne. Man kann die Bausubstanz nicht mit Worten beschreiben.

Ganz in der Nähe ist ein bewachter Parkplatz. Wir betreten die sehr kleine Wohnung. Uns trifft der Schlag. Der ganze Flur liegt voller alter Schuhe. Alle Schranktüren stehen offen. Dreck wohin man sieht. Den Balkon wage ich gar nicht erst zu betreten. Eine Reinigung hat hier lange nicht statt gefunden. Uns soll es egal sein. Unsere Wäsche wird gewaschen und wir essen zu Abend. Dabei fliesst reichlich Wodka. Wir schlafen gut.

16. Juni 1999

Heute ist der 18. Tag unserer Reise. Der Himmel ist bedeckt und die Temperatur beträgt 12° Celsius. Wir haben „Difty" gepackt und uns von unserer Gastgeberin verabschiedet. Ein Gepäckstück haben wir weniger im Wagen. Meine Frau hatte mir eine warme Wolldecke für die kalten sibirischen Nächte mitgegeben. Wir schenkten sie einer alten „Babutschka", die in einer Hausnische sich ein paar Kopeten erbettelte. Vielleicht kommt sie damit durch den eiskalten Winter.

Wir wollen heute die Strecke bis Kemerowo schaffen. Es sind 264 km. Ein Pkw-Fahrer bietet sich an, uns zur M53 zu lotsen. Er erhält dafür einen Aufkleber „Seestadt Bremerhaven".

Wir verabschieden uns von Novosibirsk, und von besonderen Menschen, die uns trotz ihres einfachen Lebensstils mit ihrer Gastfreundschaft verlegen machten.

NOVOSIBIRSK:
*Für Babutschka eine
Wolldecke zum Wärmen – für die
kalten sibirischen Winter.*

Die Straßenverhältnisse verschlechtern sich zusehends. Wir geraten immer wieder in Polizeikontrollen. Die Reaktionen wie immer Freundlichkeit, Hilfsbereitschaft und Wissendurst. Noch 214 km bis Kemerowo, die Landschaft hat sich ein wenig geändert. Links und rechts der Landstraße tauchen riesige Rinderherden auf. Sie werden getrieben von Hirten hoch zu Pferde. Das knallen der Peitschen hören wir bis in den Wagen. Hin und wieder laufen sie auch mitten auf der Straße. Da heißt es höllisch aufpassen. Gegen einen Bullen hätte „Difty" kaum eine Chance.

Es wird wieder leicht hügelig. Wir steuern einen zur Grillstation umgebauten transsibirischen Eisenbahnwagon an. In unseren Rennoverals sehen wir wie Testfahrer aus. Vom Nebentisch reicht man uns einen Schaschlikspieß. Wir sind wieder eine Familie. Wir bemerken Druckabfall am Reservereifen auf der Sahara-Haube. Bei nächster Gelegenheit müssen wir unbedingt Luft nachpumpen lassen.

Wir sind wieder auf Achse. „Achse" ist ein gutes Stichwort. Die Reparatur hält immer noch. Das Knacken der seitlichen Federn scheint mit der Außentemperatur in

Zusammenhang zu stehen. Nervös macht es uns schon und wir zucken bei jedem Knall zusammen. Unser Durchschnittsverbrauch liegt konstant bei 5,7 Liter. Zeitunterschied zu Deutschland 6 Stunden.

Neben uns fährt ein weißer „Galant" mit Rechtssteuerung. Der Fahrer unterhält sich mit Manni während der Fahrt. Nicht ganz ungefährlich das Manöver! „Kernige Alte an seiner Seite", sagt Manni. Er übersieht nichts mit seinen 59 Jahren. Kurz vor Kemerowo haben wir 6000 km abgerissen.

Polizeikontrolle vor der Stadteinfahrt. Auch hier zögert man nicht lange und bringt uns mit Blaulicht direkt zum Hotel. Wir checken ein und gönnen uns neue Klamotten. Zufrieden bummeln wir in Richtung Innenstadt. Auf dem Leninplatz im Stadtzentrum werden wir sofort von jungen Leuten umringt. Sie fragen uns im gebrochenen Englisch Löcher in den Bauch. Es kann ihnen gar nicht schnell genug gehen. Wir geben pausenlos Autogramme. Die Zeit läuft uns unter den Fingern weg. Bevor wir zum Hotel zurückkehren, machen wir noch Halt an einer Grillstation. Es dauert nicht lange und wir haben eine gemischte Gesellschaft, die sich erst nach Mitternacht wodkaselig auflöst. Der Wirt bekommt von uns einen Wimpel der Stadt Bremerhaven überreicht. Wir haben neue Freunde gefunden.

17. Juni 1999
Wir verlassen das Hotel um 10.00 Uhr. Über Mariinsk fahren wir in Richtung Krasnojarsk. Es regnet und wir haben gerade 14° Celsius. Die Straßen im Stadtbereich sind mit tiefen Schlaglöchern übersät. Auch hier immer wieder fehlende Gullydeckel die bei der notdürftigen Beleuchtung nachts zu bösen Fallen werden. Die Schlaglöcher füllen sich mit Regenwasser und es ist schwierig ihre Tiefe auszumachen. „Difty" schaukelt kreuz und quer über die Schotterpiste.

40 km/h, mehr sind nicht drin. Manni muss viel schalten. Er ist in seinem Element, mit seiner Fahrkunst kann er viel ausgleichen. Wir fahren durch eine typische sibirische Landschaft. Sumpfgebiete wechseln sich mit Birkenwäldern ab. Wir halten in Mariinsk auf einem LKW-Raupenschlepper-Reparaturbetrieb. Soviel Schrott haben wir noch nie auf einem Haufen gesehen.

Jeder Halt ist ein Erlebnis für uns. Wir wollen unseren Reservereifen auf der Saharahaube aufpumpen lassen. Luftdruckmesser und Ventilanschluss sind nicht vorhanden. Alles ist auf Improvisation ausgelegt.

In kürzester Zeit ist der Reifen vorschriftsmäßig mit Luft versorgt. Bei der Ortsausfahrt quält sich „Difty" durch tiefe Schlaglöcher. Dass er nicht auseinander bricht, ist für mich ein Wunder. Manni nimmt alles gelassen hin und zuckt nicht mal zusammen, wenn es unter dem Wagen knallt.

Die Stadt liegt hinter uns. Wir fahren durch eine parkähnliche Landschaft. Weit und breit ist kein Fahrzeug auszumachen. Auf den Bodenwellen reiten wir, wie von einem Riesenmagnet angezogen. Es ist als wenn wir direkt in den Himmel fahren würden. So einen Himmel gibt es nur über Sibirien. Das glaubt einem keiner, der es nicht selbst erlebt hat.

Himmel ist Himmel, wird jeder sagen. Was ist da schon für ein Unterschied? Mal ziehen dicke Wolken darüber, mal dünne, mal ist er blank geputzt, mal verhangen. Wenn es regnet, sieht er wirklich zum weinen aus und wenn die Sonne brennt, nennt man ihn gerne „unbarmherzig".

Und nachts bei klarem Wetter hat er seine eigene Faszination. Das millionenfache, unbegreifbare Gefunkel der Sternensysteme macht andächtig, auch wenn man zu Gott noch so schief sieht. Wetterleuchten, wie ferne Gewitter, erleuchtet das Universum bis zum Horizont. „Wieso, frage ich, ist der russische Himmel einmalig?" Darauf kann man keine Antwort geben, das muss man fühlen und mit der ganzen Seele aufsaugen. Ich kann es nachfühlen, wenn die Menschen in Sibirien sagen: „Deck dich zu mit deinem Himmel . . ."

Wir halten, um uns die Beine zu vertreten. Ein Wolga fährt an uns vorbei. Wir winken, der Wagen hält und wendet. Die Angst, dass es sich eventuell um russische Mafia handeln könnte, haben wir lange abgelegt. Ein Oberstleutnant mit seiner Frau steigen aus und begrüßen uns herzlich nach russischer Art.

Die Frau spricht deutsch und fragt uns, ob wir Hilfe brauchen. Sie hatte uns im Fernsehen in Novosibirsk gesehen und gleich wiedererkannt. Was ist die Welt doch klein. 6500 km von Bremerhaven, mitten in Sibirien, erkennt man uns. Wir halten alles im Bild fest. Sie wünschen uns eine gute Fahrt und entschwinden in einer Staubwolke.

Heute hat Manni eine überdurchschnittliche Fahrleistung erbracht. Immerhin 527 km. Nach elf Stunden Fahrzeit erreichen wir um 21.00 Uhr das Hotel in Krasnojarsk.

Das Hotel macht einen guten Eindruck. Leider ist die Sauna außer Betrieb. Wir haben einen Bärenhunger und gehen erst einmal was Essen.

Das Flötenorchester sitzt schon bereit und stimmt sich ein. Der Dirigent stellt sich vor und erzählt uns von drei Motorradfahrern die 1993 in dem Hotel übernachtet haben. Er selbst war zu dem Zeitpunkt 14 Jahre alt. Es waren die Weltenbummler Bernd Tesch und Alfred Reetz mit ihren Motorrädern.

Beim Entladen des Wagens gerinnt mir das Blut in den Adern. Die blaue Reisetasche fehlt! Auf den Schreck trinken wir erst einmal einen Wodka. Erste Schadensanalyse ist niederschmetternd. Mehrere belichtete Filme (nicht zu ersetzen). Mannis Lieblingsgürtel mit echter Silberschnalle (nicht zu ersetzen). Mein Elefantengürtel mit eingebautem Safe (Inhalt 1000,- DM, 600 US Dollar), zwei Jeans, Socken, Unterwäsche, Kosmetikartikel. Ein herber Verlust. Tasche gestohlen, können wir ausschließen. Wir müssen sie in Kemmerowo vor dem Hotel vergessen haben.

Manni versucht telefonisch Tanja in Novosibirsk zu erreichen, um Hilfe zu erbitten. Ich überprüfe noch einmal unser Gesamtgepäck. In unserem Schmutzwäschebeutel ertaste ich zwei Jeans mit Gürtel. Die wichtigsten Dinge finden sich ein. Der Geldgürtel und Mannis altes Schmuckstück mit Silberschnalle von seiner ersten Weltreise. Auch ein paar Filme finden sich wieder. Der Verlust ist gering. Unseren verdienten Entenschlaf lassen wir uns durch diesen Vorfall nicht rauben. Vorwürfe sind für uns ein Fremdwort. Die Tasche hat sich übrigens nicht wieder angefunden.

18. Juni 1999

Wir haben ausreichend geschlafen und verlassen frisch geduscht um 10.00 Uhr bei bedecktem Himmel Krasnojarsk. Es ist der 20. Tag unserer Reise. Wir irren in Krasnojarsk herum. Sehr schlechte Straßenbeschilderung. Endlich, nach über einer Stunde Irrfahrt, sind wir auf dem richtigen Weg. Fast jeder Wagen, der uns überholt, hupt uns an, und man winkt uns freundlich zu. Wir sind eben etwas ganz besonderes für die Bevölkerung.

Die Landschaft, durch die wir fahren, ist leicht hügelig mit ausgedehnten Wäldern. Die Straßenverhältnisse sind sehr schlecht. Unsere Scheibenwaschanlage haben wir mit Wodka aufgefüllt. Das Wetter hat sich verschlechtert. Tiefhängende Sturm- und Regenwolken begleiten uns. Der Regen peitscht gegen unsere Windschutzscheibe, läuft über undichte Gummidichtungen in den Wagen. Die Feuchtigkeit zieht in unsere Klamotten. Gut, dass wir eine Heizung haben. Immer wenn Manni die Scheibenwaschanlage betätigt, umweht uns eine Wodkawolke. So fahren wir Stunde um Stunde. An Steigungen stehen rote Behälter, die mit Streusand gefüllt sind. Wenn man hier im strengen Winter liegen bleibt, hat man die Möglichkeit sich selber die Straße zu streuen. Einen Straßendienst gibt es hier nicht.

Sollten wir hier liegen bleiben, können wir nur auf ein Wunder hoffen. Auf 100 Kilometer gibt es keine Reparaturwerkstatt. Auf der rechten Seite erkennen wir in der

Ferne riesige Industrieanlagen, die ihre gelbschwarzen Giftwolken ungehindert in den Himmel blasen.

Die Luft ist verpestet, die Anlagen sind verrottet. Siedlungen, die im Schlamm zu versinken drohen, liegen in unmittelbarer Nähe dieser Dreckschleudern. Das reinste Chaos. Wir können den Schwefel schmecken.

Manni ist in seinem Element. Wir müssen Taischet erreichen. Vor uns liegt ein Schlagloch, das die gesamte Straßenbreite einnimmt und mit Wasser gefüllt ist. Wir messen die Tiefe und fahren langsam durch die Schlammbrühe. Es regnet nun schon seit Stunden. Vor uns taucht ein Russe auf, der seine Frau auf den Armen trägt. Wohin? Fragen wir uns. An der Straße, im strömenden Regen, steht ein russischer Bauer und bietet zwei Flaschen Dickmilch zum Verkauf an.

Welch ein genügsames Leben führen diese Menschen.

Wir haben Probleme mit unserem Vergaser. Der Motor setzt hin und wieder aus und fängt an zu spucken. Dieser Fehler tritt nur bei einer gewissen Gasgestängehaltung auf. Bei Vollgas gibt es keine Probleme. Manni ist der Experte. Er sieht da keine Probleme. Mir ist ein wenig mulmig zumute.

Ein Militärhubschrauber überfliegt uns. Wir vermuten, dass Eskandar, unser Tourmanager, auf Erkundungsflug nach uns ist.

Um 19.20 Uhr haben wir 7000 km abgeleistet und erreichen Taischet um 20.10 Uhr, wo wir übernachten. Wir sind froh, die Straße der Leiden hinter uns gelassen zu haben. Bis Irkutsk sind es noch 655 km. An einem Tag bei dem Wetter nicht zu bewältigen.

19. Juni 1999

Der Tag beginnt wie der vorherige geendet hat. Mit Regen, Regen, Regen. Im Wagen ist es feucht und kalt. Wir fahren auf einer unbeschreiblich schlechten Schotterpiste, mit tiefen Schlaglöchern. Der Regen hat auch seine Vorteile. Die tiefen Schlaglöcher füllen sich mit Wasser und sind dadurch von Manni besser zu erkennen. Querrillen schütteln „Difty" mächtig durch. Man fährt wie auf einem Waschbrett.

An vielen Stellen läuft und tropft das Wasser in den Wagen. Es ist empfindlich kalt. Höchstens 6° Celsius. Wir sehen unseren Atem, der sich an der Innenscheibe niederschlägt. Der Motor kommt nicht so recht auf Temperatur. Außerdem hat „Difty" leichte Aussetzer im Motorbereich. Es wird schon alles gut. Wir sind mitten im Chaos. Die Piste windet sich über Berg und Tal. Manni muss sehr konzentriert fahren. Er wird wieder einmal gefordert und das mit leerem Magen. Mir ist schon ganz schlecht von der Schaukelei.

Wir fahren unter 30 km/h. Mannis Hände kleben am feuchten Lenkrad. Die Geröllstraße lässt nur noch 20 km/h zu. Eine harte Bewährungsprobe für die Reifen. Der rechte Vorderreifen läuft ungleichmäßig ab. Außerdem stimmt die Spur der Vorderräder nicht mehr. Wir geben nicht auf. Felgen, Reifen, Federn, Achsschenkelbolzen, Stoßdämpfer stehen eine harte Bewährungsprobe durch. „Cameltrophy pur".

Neben uns rauscht die Transibirische Eisenbahn vorbei. Dort sitzen die Touristen an weißgedeckten Tischen und essen zu Mittag. Die Tour der Abenteuer nimmt kein Ende. Mannis Augen leuchten vor Freude. Er erlebt Situationen seiner 1. Weltreise ein zweites Mal und ich bin der glückliche Beifahrer. Wir halten einen entgegenkommenden Wagen an und erkundigen uns, wie lange die Schreckenspiste noch dauert.

Eine „rollende Tankstelle" rüstet uns für die nächsten 1300 km mit Bezin aus.

Niederschmetternde Antwort! Noch 160 km, dann bessert sich die Straße geringfügig. Da kommt Freude auf! Um vorwärts zu kommen, nutzt Manni die ganze Straßenbreite. Nur so kann er die Vielzahl der Schlaglöcher austricksen. Nach mehreren Stunden Fahrt sind wir durch. Völlig entkräftet machen wir erst einmal Pause.

Wir haben wieder Asphalt unter den Rädern. Saftige grüne Weideflächen, dazwischen Birkenhaine. In der Ferne zeichnet sich der Ural ab. Der Regen hat nachgelassen. Unser Benzin geht zu neige. Eine Tankstelle ist weit und breit nicht in Sicht.

Auf einem Rastplatz steht ein Tankwagen der Benzin zum Verkauf anbietet. Eine rollende Tankstelle. Wir tanken „Difty" randvoll und sind für die nächsten 1300 km aller Spritsorgen entledigt. Wir füllen noch etwas Öl nach und sprühen das Gasgestänge mit Molycotespray ein.

An Zima, wo wir eigentlich übernachten wollten, brausen wir, ohne die Stadt gesehen zu haben, vorbei. Ein herrlicher Sonnenuntergang begleitet uns auf unserer Weiterfahrt, durch die Unendlichkeit der sibirischen Landschaft. Es ist 21.00 Uhr und wir beschließen, im Wagen zu übernachten. Vorher fahren wir noch eine Kaffeestation an. Wir sind hungrig und ausgelaugt.

Beim Betreten der „Gaststätte" schlägt uns laute Discomusik entgegen. Ein angetrunkener Russe in Polizeiuniform bittet uns an seinen Tisch. Kaum, dass wir Platz genommen haben, stehen zwei randvoll gefüllte Wodkagläser vor uns und er fordert uns auf, sie mit einem Zug zu leeren. Uns schaudert es bei dem Gedanken. Bevor wir die Gläser an den Mund setzten, kam es noch zu einem Ritual. Wir können die Zeremonie nicht deuten. Er taucht den Ringfinger seiner rechten Hand in sein Wodkaglas, tippt zwei Mal auf den Tisch und verschüttet etwas Wodka auf den Boden. Manni hat auch seinen Trick. Unser Kaffee ist in der Zwischenzeit serviert worden und wir haben schon einen kräftigen Schluck genommen. Wir setzen die Wodkagläser an. Manni behält seinen Wodka im Mund und füllt unbemerkt seine Kaffeetasse damit auf. Mir schiessen die 60 Prozent wie ein Lavastrom durch die Kehle. Ich schwöre mir innerlich, nie mehr Wodka pur zu trinken.

Alex, so heißt der Polizist, ist für alle Anwesenden eine Respektsperson. Er lädt uns ein, in seinem Haus zu übernachten. Als Dienstfahrzeug fährt er einen alten Lada. Die Windschutzscheibe ist zertrümmert und Stoßdämpfer sind ein Fremdwort. Er fährt voraus zu seiner „Datscha". Wir mit „Difty" durch die mit verschlammten Schlaglöchern übersäten Dorfstraßen hinterher. Es ist schon dunkel, als wir seine Behausung erreichen.

Das Anwesen hat einen eingezäunten Innenhof, indem „Difty" sicher untergebracht wird. Seine Frau liegt in der Küche auf einer couchähnlichen Liege und schläft. Er zeigt uns seinen Besitz und ist stolz auf seine Stereoanlage und seine drei Fernsehgeräte. Dann holt er mehrere Fotoalben aus dem Schrank und läßt sein ganzes Leben in Bildern an uns vorbeilaufen. Uns fallen vor Müdigkeit die Augen zu, aber er spricht pausenlos auf russisch auf uns ein. Alex bekommt Durst auf Bier. Es ist aber keins im Hause. Er schlägt uns vor, mit „Difty" zur nächsten Dorfkneipe zu fahren. Wir lehnen dieses Vorhaben kategorisch ab.

Er läßt, trotz völliger Trunkenheit nicht locker und so fahren wir mit seinem Polizeiwagen zur nächsten Kneipe. Die Kneipe ist voll besetzt, so dass wir auf der Veranda Platz nehmen müssen. Es ist arschkalt und höchstens 5° Celsius. Dazu eiskaltes Bier. Alex hat nur ein T-Shirt unter einer dünnen Jacke an. Wir wären fast erfroren. Es ist schon nach Mitternacht, als wir seine „Datscha" erreichen.

Wir begeben uns ins Wohnzimmer. Er verschwindet in die Küche. Kaum hat er seine Frau verscheucht, sitzt er mit einem blauen Slip bekleidet auf der Couch und will uns vernaschen. Er ist hochgradig schwul. Nicht mit uns!!!

IRKUTSK –
wir erreichen ein
wichtiges
Etappenziel.

20. Juni 1999

Nach einer unruhigen Nacht, immer den schwulen Polizisten vor Augen, erwachen wir im Wohnzimmer der „Datscha". Aus Sicherheitsgründen hatten wir unsere Rennoverals angelassen. Man kann ja nie wissen.

Außerdem hatten wir noch eine Keule im Zimmer gefunden, die wir bei Gefahr ohne Zögern eingesetzt hätten. Eine klamme Kälte zog durch das Haus. Alex sitzt auf der Ofenbank und trinkt seine zweite Flasche Bier. Er muss zum Dienst. Frisch machen sollten wir uns in der Küche. Ich habe schon wieder kalte Füße. Unsere vormals weißen Socken, werde ich entsorgen müssen. Sie sind voller Schlamm und Dreck.

Seine Frau und seine hübsche Tochter bereiten das Frühstück für uns vor. Tee, Eier, Käse und Brot. Ein Festmahl für uns. Manni hat seine heissgeliebte Marmelade auf dem Tisch entdeckt. Sieht ganz nach Orangenmarmelade aus. Schnell aufs Brot geschmiert und rein in den Mund. Nach dem ersten Biss verdreht er die Augen, springt auf, rast in den Garten und spuckt im hohen Bogen seine angebliche Orangenmarmelade wieder aus. Es war gelber Fischroggen.

Alex versucht uns noch zu einem Wodka zu überreden. Wir lehnen dankend ab. Er verabschiedet uns herzlich und fährt mit seiner Schrottkiste schon ziemlich angeheitert zum Dienst. Wir machen es uns mit Mutter und Tochter gemütlich. Frühstücken in aller Ruhe und verlassen um 9.00 Uhr unsere Gastgeber in Richtung Irkutsk. Die Sonne strahlt vom blauen Himmel und eine leicht hügelige Landschaft, mit gut befahrbarer Straße, stimmt uns fröhlich.

35 km vor Irkutsk haben wir in dem Ort Angarsk einen Brief an Serje von Annelie-se und Egon aus Bremerhaven abzugeben. Freundlich wie immer zeigt man uns den Weg. Wir finden die Wohnung in einer Plattensiedlung. Leider ist niemand zu Hause. Manni hat den Brief an die Tür gesteckt. Wir verlassen Angarsk und fahren ohne besonderen Ereignisse nach Irkutsk.

Wir steuern das „Intourist Hotel" an. Manni kennt Irkutsk von einer Reise die er als Reisebegleiter nach Peking geführt hat. Wir buchen erstmal zwei Nächte und müssen dafür 277 US-Dollar bezahlen. Das Hotel ist ein zehnstöckiger Kasten in Platten-bauweise, wie er sich in fast jedem größeren Ort zwischen Magdeburg und Vladivo-stok findet.

Auch wenn an der Eingangstür das neue Wappen Russlands mit dem Zarenadler prangt, trägt es immer noch denselben Namen wie zu Sowjetzeiten „Intourist". Es liegt unmittelbar am östlichen Ufer der Angara. An jener Stelle, an der einst Jules Verne seinen Kurier des Zaren, Michael Strogow, von einer Eisscholle ans Land schwimmen ließ, um Irkutsk vor aufständischen Banditen zu retten.

Neuer Fan für Bremerhaven.

Bremerhaven verkehrt.

Routenmarkierung vor dem Hotel in Irkutsk.

Den Eingang des Hotels erreicht man über vier spiegelglatte dunkelbraune Granitstufen. Einer der Hotelgäste muss wohl gerade ausgerutscht sein und dabei in die Glastür gesegelt sein, denn überall liegen Scherben herum. Keiner fegt das Glas zusammen. Irgendwann wird schon jemand kommen, der sich darum kümmert. Wir haben „Difty" sicher vor dem Hotel geparkt. Die Fahnen der wichtigsten Nationen flattern vor dem Eingang im Wind. Irkutsk ist auf Touristen eingerichtet.

Das Einchecken verläuft umständlich, als sei zum ersten Mal seit fünfzig Jahren ein Gast aufgetaucht. Die Damen an der Rezeption wirken gelangweilt. Bei den Preisen kann man schon etwas mehr Service erwarten. Daran müssen sie noch arbeiten. Zwar steht vor jeder Dame ein Computer-Bildschirm, doch sind das offenbar nur Attrapen.

Bei der Buchung wird alles fein säuberlich in einer dicken Kladde festgehalten. Erst muss einmal bezahlt werden. Ich tausche 500 US-Dollar in der hoteleigenen Wechselstube in Rubel um. Man kann seine Rechnung nur in Rubel oder mit Visa-Card bezahlen. Begleitet wird die ganze Prozedur vom unaufhörlichen Geklimper einer Reihe von Spielautomaten an der Rückwand der Hotelhalle.

In tiefen Kunstledersesseln rekeln sich vier junge Burschen in schwarzen Uniformen, am Gürtel Gummiknüppel und Handschellen, auf der Brust und am linken Oberarm in lateinischen Buchstaben „Security". Außerdem gibt es noch zwei Portiers mit goldenen Ärmelstreifen und zwei Sicherheitsleute in Zivil mit mächtigen Walkie-Talkies. Schlüssel bekommen wir nicht. Die werden erst nach Vorlage eines Papiers von den wichtigen Etagendamen ausgehändigt.

Sicherheit über alles. Uns kann es nur recht sein. Wir räumen alle wichtigen Sachen aus dem Wagen. Unser Zimmer liegt im 6. Stock und hat eine wunderschöne Aussicht auf die Promenade an dem Fluss Angara. Die Zimmer sind klein, aber mit allem Notwendigen ausgestattet. In der Ecke brummt laut ein Kühlschrank ohne Inhalt vor sich hin. Es gibt sogar heißes und kaltes Wasser. Das ist schon einen Hotelstern wert. Das Fernsehen liefert CNN und Eurosport. Eine willkommene Abwechslung für uns.

Eine Broschüre informiert über Dienstleistungen und Zerstreuungsmöglichkeiten. Den Gästen stehen drei Restaurants, zwölf Bars und Cafés verteilt auf allen Etagen zur Verfügung. Darunter ein „Eiscafe Milano", eine „russische Teestube" und eine „Bierbar Berlin" an die Manni noch sehr gute Erinnerungen hat. Die Liste der angebotenen Annehmlichkeiten vervollständigen ein Friseur und ein Kosmetiksalon.

Es gibt ein „Business Center" mit – man staune – einem internationalem Fernschreiber, Fax und Telefon. Man kann auch vom Zimmer direkt nach Deutschland telefonieren. 1 Minute = 15,- DM.

Wir richten uns im Zimmer ein. Es klopft an der Tür. Es ist unsere Etagenfrau. Sie fragt, ob wir an Unterhaltungsdamen interessiert seien. Die Etagenfrauen sind noch ein Relikt aus Sowjetzeiten. Ich kenne sie aus Rumänien, Bulgarien und der ehemaligen DDR.

Ihre vornehmste Aufgabe bestand einst darin, die Zimmerschlüssel gegen Vorzeigen des Hotelausweises herauszugeben oder in Empfang zu nehmen und auf diese Weise minutiös zu kontrollieren, wer wann das Zimmer betrat oder verließ. Heute verkauft sie nebenbei noch Bier aus Dortmund, Coca Cola, Fanta, Mineralwasser, Wodka, zu Preisen zehnmal so teuer wie in Deutschland und dreimal so teuer wie in Moskau.

Außerdem informiert sie die „Hoteldamen" telefonisch, wann welcher alleinstehende männliche Gast abends sein Zimmer aufsucht. In der Regel dauert es dann nur einige Minuten, bis das Telefon klingelt. „Möchten Sie mit mir eine angenehme Nacht verbringen?" Wir haben jedenfalls keinen Bedarf und unsere Etagenfrau zieht mürrisch von dannen.

Wir haben morgen ein volles Programm. Manni wird „Difty" einer Generalinspektion unterziehen. Ich muss mich um das Entwickeln der Filme, kopieren des Tagebuchs und den Versand mit „DHL" nach Deutschland kümmern. Unser Team in Bremerhaven braucht dringend Unterlagen über unseren Reiseverlauf. Sie werden aus verständlichen Gründen langsam sauer.

Ab ins Bett. Gute Nacht bis morgen!

Nach einer ruhigen Nacht erscheinen wir frisch rasiert und geduscht im riesigen, kultiviert ausgestatteten Frühstücksraum. Die Kellnerinnen neben der Küchentür haben alles andere zu tun, als uns zu bedienen. Wir müssen uns schon lautstark bemerkbar machen, ehe sie sich bequemen, uns Rührei und Kaffee zu bringen. Wir nehmen es gelassen, wenn auch heute schon der 23. Tag unserer Reise ist. Um 17.50 Uhr sind wir im Ministerium angemeldet. Vorher hat jeder von uns ein Aufgabenpaket zu erfüllen. Manni nutzt alte Verbindungen, „Difty" einer Generalinspektion zu unterziehen, während ich mich auf den Weg in die Stadt mache, um einen Filmexpress-Service zu finden.

Heute zählt Irkutsk rund 650.000 Einwohner und ist die größte Industrie- und Handelsstadt sowie das kulturelle Zentrum Ostsibiriens. Schon zu Beginn des 19. Jahrhunderts zählte die Stadt mehr als 15.000 Einwohner, eine Kathedrale, ein Dutzend Kirchen und viele prachtvolle Villen und Privathäuser. Die besten Architekten Europas haben Irkutsk mitgeprägt.

Manche der öffentlichen Gebäude und Kaufmannspaläste sahen denen in London, Rom und Paris zum Verwechseln ähnlich. Wie England sich London erschuf und Frankreich Paris, so erschuf sich Sibirien Irkutsk. Es wurde mit Pelzen, Seide aus China und Tabak gehandelt. Jedes bessere Haus, so wird berichtet, besaß ein Piano, kostbares Essgeschirr und Gläser aus feinsten Kristall. Im grellen Kontrast zum europäisch orientierten, luxuriösen Lebensstil der Oberschicht standen die Armseligkeit, der Schmutz und die Enge, in der die grosse Masse der Bevölkerung ihr Leben fristete. In einem Reiseführer konnte ich das nachlesen!

Im Juli 1879 zerstörte ein Feuer, das durch Unachtsamkeit in einem Heuschober ausgebrochen war, die Stadt zu Dreiviertel. Etwa 4000 Häuser brannten bis auf die Grundmauern nieder, mehr als 15.000 Menschen wurden obdachlos. In Windeseile breiteten sich die Flammen aus, während die Feuerwehr fast tatenlos zusah. Es war ein Sonntag und die meisten Feuerwehrleute, so wird berichtet, waren so betrunken, dass sie nicht aufrecht stehen, geschweige denn einen Eimer mit Wasser tragen oder einen Schlauch halten konnten. Dem Feuer fielen Gebäude aller Art zum Opfer. Prachtbauten der Reichen, ebenso wie die armseligen Hütten der sozialen Unterschicht.

Die Stadt wurde modern wieder aufgebaut. Dazwischen haben sich ganze Straßenzüge, ja sogar komplette Stadtviertel mit alten sibirischen Holzhäusern erhalten. Jede der Fassaden trägt einen anderen Schmuck und steht unter Denkmalschutz. Geschnitzte, oft bunt bemalte Blumenmuster verleihen jedem dieser Häuser ein unverwechselbares Aussehen.

Und während ich durch die Altstadt bummel, grüßen von den Dächern der umliegenden neunstöckigen Häuser die Symbole und Reklameschilder der freien Marktwirtschaft zu mir herüber und werben für Coca Cola, Sony, Moulinex, Nivea. Es reißt mich aus meinen Träumen und erinnert mich an meine Pflichten. Ich muss unbedingt einen Kodakladen finden. Auf der Hauptstraße, der „Großen Straße", bieten gleich drei Läden ihre Dienste an. In drei Stunden sollen 140 Bilder fertig sein. Ich nutze die Zeit um 40 Seiten meines Tagebuchs kopieren zu lassen. Auf einem Hinterhof im 4. Stockwerk finde ich einen Canon-Kopierer. Die Arbeit geht gut voran, als plötzlich der Strom im gesamten Stadtbereich ausfällt.

Erstmal tritt eine grosse Pause ein. Nach zwei Stunden Wartezeit werde ich doch langsam unruhig. Die Bilder und die Tagebuchkopien müssen heute noch nach Bremerhaven verschickt werden. Nur nicht nervös werden. Und plötzlich flackert das Licht auf. Es kann weiter gehen. Erste Aufgabe erledigt. Jetzt noch schnell die Bilder abholen und ab zum Hotel „Intourist".

Das Wetter ist traumhaft und auch in Irkutsk schneit es Blüten von den Pappelbäumen. Ein unvergessliches Naturschauspiel. Über die Promenade am Flussufer erreiche ich zügig das Hotel. Manni ist noch nicht mit „Difty" zurück. DHL (World Wide Express) nimmt die Sendung entgegen. Ich bezahle 72 US-Dollar und bekomme die Garantie, dass die Sendung in 4 Tagen bei unserem „Around the world" Team ausgeliefert wird. Vor dem Hotel setze ich mich auf eine Bank und warte auf Manni. Die Glasscherben liegen immer noch vor der Eingangstür.

Einige deutsche Reisegruppen sind neu eingetroffen und löchern mich mit Fragen. In meinem Rennfahrerlook falle ich natürlich sofort auf. Bettelnde Kinder bestürmen mich wie die Schmeißfliegen, werfen sich auf den Boden küssen mir die Füsse und fordern aufdringlich Rubel.

Sie tragen Nike-Turnschuhe und Adidas-T-Shirts. Sicherlich Geschenke von Touristen. Selbst die Sicherheitsbeamten können dieser Plage nicht Herr werden. Mit diesen Bildern vor Augen fahren dann die verwöhnten Touristen nach Hause und geben ein völlig falsches Bild der russischen Menschen an Freunde und Bekannte weiter. Sie meinen nach einem zwei Tage Aufenthalt Russland zu kennen.

Endlich kommt Manni mit „Difty" von der Inspektion zurück. Sein russischer Mechaniker, der auch gleichzeitig Fahrer eines Hotelbusses ist, hat ganze Arbeit geleistet.

Folgende Arbeiten wurden durchgeführt: Ölleckage beseitigt, Vergaser (Chokeeinstellung) gerichtet und gangbar gemacht, Öl- und Filterwechsel nach 7800 km. Sämtliche beweglichen Teile unter dem Wagen (Stoßdämpfer, Federn) gefettet, Tankdeckel notdürftig repariert, Hupenkabel erneuert.

Manni wurde von der Familie zum Essen eingeladen und braucht nach seinen Aussagen drei Tage keine Nahrung mehr zu sich zu nehmen.

Es wird Zeit. Um 17.50 Uhr haben wir einen Termin im Ministerium von Irkutsk, auch hier läuft eine Zeremonie ab. Die unsere Herzen berührt. Ludmilla, die uns zu betreuen hat, beschafft uns unsere Logbuchstempel. Unser Wimpel der Stadt Bremerhaven hinterlässt einen bleibenden Eindruck. Die Partnerstadt von Irkutsk ist Pforzheim. Auf der Rückfahrt zum Hotel parken wir „Difty" an der Uferpromenade und verursachen damit einen Menschenauflauf. Viele junge Leute bestürmen uns mit Fragen. Ein paar Brocken Deutsch sind immer dabei. Überall sind Imbissstände und es wird viel Bier getrunken. Eine Flasche Bier in der Hand, promenieren junge Leute am Fluss entlang. Wir lassen den 23. Tag unserer Weltreise beschaulich ausklingen, sprechen über zu Hause, wobei unsere Frauen immer der Mittelpunkt unserer Gedanken sind. Morgen müssen wir früh aufstehen. Um 9.00 Uhr erwartet uns die Presse von Irkutsk zum Interview.

22. Juni 1999

Wir sind schon früh auf den Beinen. Um 9.00 Uhr erfüllen wir zur Zufriedenheit aller unseren Pressetermin. Man verspricht uns die Zeitungen nach Deutschland nachzuschicken. Unser kleiner Freund Zhenja erscheint vor dem Hotel. Sein Vater ist Kunstmaler für sibirische Landschaftsbilder. Er verkauft die kleinen Kunstwerke an die Touristen. In seiner Mappe hat er rote Klebebuchstaben, die er kunstvoll am hinteren Kotflügel von „Difty" aufklebt. Die Grußworte „Willkommen in Sibirien" begleiten uns fortan um die ganze Welt.

Abschied!!! Die Vororte von Irkutsk, durch die die Fahrt zunächst geht, wirken trist. Neben niedrigen sibirischen Holzhäuschen ragen mehrstöckige schmutzgraue Wohnblocks in Plattenbauweise empor, die offenbar kurz vor dem Einsturz stehen. An einigen Häusern sind tatsächlich schon die Balkone abgefallen. Manche Vorgärten und Hinterhöfe ähneln Müllkippen oder Schrottplätzen. Dazwischen immer wieder die Zeichen der neuen Zeit in Russland. Unzählige Kioske, die russisches, dänisches und deutsches Bier anbieten, amerikanische Zigaretten, schottischen Whisky, einheimischen und finnischen Wodka, Mars und Snickers.

Auch hier fallen uns besonders die „Chinesenmärkte" auf. Für uns bleibt es ein Geheimnis, wie die Waren in gewaltigen Kartons oder in Säcken aus Kunststoff über die Grenze hierher in die Hauptstadt Ostsibiriens gelangen.

Unmittelbar hinter Irkutsk beginnt die Taiga. Die Straße in Richtung Süden ist für sibirische Verhältnisse gut ausgebaut und asphaltiert. Sie führt über Ulan-Ude nach Tschita. In gleicher Richtung verläuft nur wenige Kilometer von der Straße entfernt, die transsibirische Eisenbahn.

Ein Höhepunkt unserer Reise liegt noch vor uns. Der Baikalsee. Zirka 60 km von Irkutsk entfernt werden wir auf dem Weg nach Ulan-Ude seine Ostspitze erreichen. Vorher passieren wir noch einen der schlimmsten Umweltverschmutzer in der unmittelbaren Umgebung von Irkutsk.

Die Metallhütte von „Schelechow". Wir schmecken dieses Scheusal förmlich auf der Zunge. Mit zunehmender Entfernung von Irkutsk wird die Landschaft hügeliger. Wir kriechen im ersten Gang die Serpentinen eines Passes hinauf, der auf rund 1000 Meter über dem Meeresspiegel durch Gebirge führt.

An der höchsten Stelle fahren wir auf ein Plateau. Wir steigen aus und uns bietet sich ein atemberaubender Blick über den Baikalsee. Die Russen nennen ihn auch „Das blaue Herz der Taiga". Wie hingegossenes Silber liegt der See in der Nachmittagssonne.

Wir setzen uns auf einen Mauervorsprung und lassen dieses Naturschauspiel auf uns einwirken. In etwa 50 km Entfernung, am gegenüberliegenden Ufer, ragen die

*Überwältigend:
Wir stehen vor dem Baikalsee.*

Berge hoch in den azurblauen Himmel. Unten im Tal schlängelt sich die transibirische Eisenbahn wie ein Spielzeug um die Ostspitze des Sees. Wir können uns gar nicht losreißen von dem Anblick. Aber wie immer drängt die Zeit.

Wir verlassen die Passhöhe und fahren zu Tal. Am Fuß des Sees angekommen, überfahren wir einen beschrankten Bahnübergang der transibirischen Eisenbahn. Manni meint, als er das letzte Mal mit dem Zug hier durchfuhr, wären die Schranken geschlossen gewesen. Eine Polizeikontrolle lächelt uns fröhlich zu.

Wir fahren direkt am Baikalsee entlang und genießen die Natur. Wildbäche mit kristallklarem Wasser stürzen von den umliegenden Bergen und rauschen als kleine Flüsse in den See. Auf den Bergen liegen in sonnenabgewandten Mulden noch Schneereste des letzten sibirischen Winters. An der Straße sitzen ganze Familien und bieten geräucherte Fische zum Verkauf an. Wir halten an und decken uns mit Räucherfisch ein. Den Kindern schenken wir T-Shirts und Aufkleber der „Seestadt Bremerhaven". Wir freuen uns schon auf unser Abendessen.

Um 19.10 Uhr reichen wir uns die Hände. Wir sind 8000 km gefahren. Bis Ulan-Ude sind es noch 224 km. Tachostand 33.424 km. An einer Polizeikontrolle erklärt man uns den Weg zu einem Hotel direkt am Baikalsee. Wir landen in einer modernen Ferienanlage mit Sauna. Der Räucherfisch wird mit „Aldi"-Dosenbrot auf dem Zimmer verzehrt. In der Sauna trinken wir Krimsekt.

Wir beschliessen den Abend in der Gaststätte mit guten Freunden aus der Ukraine. Der Zeitunterschied zu Deutschland beträgt 8 Stunden. Leicht angesäuselt legen wir uns schlafen. Beim Einschlafen höre ich aus der Ferne die Schienengeräusche der transsibirischen Eisenbahn. Möwengeschrei lässt ein wenig Heimweh aufkommen.

23. Juni 1999

Mit Möwengeschrei werden wir auch geweckt. Außerdem klopft es an der Zimmertür. Ein Fischer hatte uns am Vorabend versprochen, mit seinem Boot auf Fischfang zu gehen. Unser leicht schwindeliger Kopf lässt solch ein Unternehmen nicht zu. Wir müssen leider ablehnen. Es ist verdammt kühl geworden. Wir lassen es uns nicht nehmen, noch mal zum Seeufer zu gehen. Das Wasser ist kristallklar. Der starke Wind kräuselt die Wasseroberfläche zu kleinen Schaumkronen. Das „Heilige Meer" ist umwoben von Sagen und Legenden.

Klaus Bednarz schildert in seinem Buch „Ballade vom Baikalsee", eindrucksvoll die einzigartige Region, ihre Geschichte und Kultur. Es lohnt sich dieses Buch zu lesen. Es ist sehr empfehlenswert. Der Name Baikal entstammt angeblich der Sprache der Burjaten, die vor allem am Ostufer des Sees wohnen und bedeutet „Erhabene Schöpfung der Natur", schreibt Klaus Bednarz in seinem Buch. Mit seinen fast 25 Millionen Jahren ist er nicht nur der älteste See der Erde, sondern auch der tiefste, wasserreichste, sauberste (noch) und wohl auch geheimnisvollste.

Sichelförmig erstreckt er sich über eine Länge von 636 Kilometern – etwa die Strecke von München – Hannover von südwest nach nordost; seine Breite reicht bis zu 80 Kilometern, seine tiefste Stelle misst gut anderthalb Kilometer; genauer 1637 Meter. Er enthält mehr Wasser als die fünf großen nordamerikanischen Seen zusammen und tausendmal mehr als der Bodensee – ein Fünftel des gesamten Süsswasservorrats der Erde. Amazonas, Ganges, Mississippi, Nil, Kongo, Lena, Donau, Rhein, und andere Ströme der Welt müssten ein Jahr fließen, um den Baikal zu füllen.

Würde man seinen Inhalt über die gesamte Erdkugel verteilen, würde er diese 20 Zentimeter hoch mit Wasser bedecken. Gut ein halbes Jahrhundert könnte er allein die Weltbevölkerung mit Trinkwasser versorgen, ein nie versiegender Quell, der „Brunnen des Planeten", wie die Russen ihn nennen. Mehr als 300 Flüsse und Bäche strömen aus den umliegenden Bergen in den See. Doch nur ein einziger Fluss verlässt ihn wieder, die mächtige Angara an der Südspitze des Sees.

Mehr als 2500 Tierarten wurden rund um den Baikal gezählt. Zwei Drittel davon kommen nur hier vor.

Zu den Berühmtesten gehört die Golomjanka, ein schuppenloser, durchsichtiger Fisch ohne Schwimmblase, der lebende Junge zur Welt bringt und dessen Körper zur Hälfte aus Öl besteht.

Ihn zu fangen, gelingt höchst selten. Er lebt einzeln und in großer Tiefe. Der am tiefsten lebende Süßwasserfisch der Welt. Zu den Rätseln des Sees gehören auch die Baikalrobben, die weltweit einzigen Süßwasserrobben. Wie sie dort in den See gekommen sind, weiß bis heute keiner. Seit 1996 steht der Baikalsee unter dem Schutz der ganzen Menschheit. Ich habe diese Daten aus dem Buch von Bednarz übernommen.

Um so unverständlicher ist es, am Südufer eine Zellulosefabrik zu dulden, die das Wasser pausenlos verseucht. Manni und ich haben uns dieses Monster angesehen. Es stinkt zum Himmel. Wir waren erschüttert. Aus Profitgier zerstören wir unsere intakte Umwelt, wo wir können. Eines Tages bekommen wir die Quittung für unsere Sünden.

Zurück zu den Ereignissen.

Nach stundenlanger Fahrt am Baikalsee entlang, biegen wir in Richtung Ulan-Ude von der Uferstraße ab und erreichen die Stadt um 13.00 Uhr. Die Benzinversorgung ist durch Tanklastwagen gesichert. „Difty" schnurrt nach der Inspektion wie ein Uhrwerk. Ulan-Ude, wo die transsibirische Eisenbahn in die Mongolei abzweigt, umfahren wir zügig aus Zeitgründen. Wer weiß wieviel Zeit wir in Tschita brauchen, denn dort endet die befahrbare Straße für uns.

Von Ulan-Ude sind es noch 650 km bis Tschita. Wir wollen noch einmal vorher übernachten. Wo genau wissen wir selbst noch nicht. Achterlicher Wind mit Windstärke 8 treibt uns gut voran. Manni ist wieder einmal in seinem Element. Unser Höhenmesser zeigt 1000 Meter über normal an. Es ist brütend heiss. Mücken gibt es Gott sein Dank keine. Wir erreichen eine Raststätte mit Magazin. Beim Einkaufen entdecke ich „Fairy Ultra" im Regal. Genau das Richtige für unsere Scheibenwischanlage und zum Wäsche waschen. Nach kurzem Aufenthalt fahren wir weiter. Wir schauen in ein langgestrecktes Tal. In der Mitte fließt ein Fluss mit weißen Sandbänken durchzogen. Wir beobachten russische PKW-Fahrer, die ihre Wagen im Fluss waschen. Kleine russische Einheitsdörfer mit farblosen Holzhäuschen schmiegen sich an den Hängen. Die Datschas sehen wie „gesandstrahlt" aus.

Der unerbittliche sibirische Winter mit seinen Eisstürmen kennt kein Erbarmen. Saftige grüne Weiden mit Rinderherden, dazwischen immer wieder Pferdekoppeln. Russische Schweiz taufen wir diese Gegend. Ein blauer Himmel mit Dunstwolken überspannt das gesamte Tal. Meistens schreibe ich mein Tagebuch während der Fahrt. Der Zustand der Straße lässt sich aus meiner Handschrift leicht ablesen. Immer wieder laufen Kuhherden über die Straße. Manni muss sich voll konzentrieren.

Wie immer werden wir freundschaftlich von anderen Fahrzeugen angehupt und Manni antwortet mit seiner Polizeisirene. Wir fahren über einen frisch geteerten Straßenabschnitt. Der aufgewirbelte Split hört sich wie ein Trommelwirbel unter dem Wagen an, und fliegt im hohen Bogen seitlich an den Hinterrädern hoch. Ich beobachte argwöhnisch mehrmals täglich den rechten Vorderreifen. Viel Profil zeigt er nicht mehr. Irgendwann werden wir ihn wohl auswechseln müssen.

Wieder durchfahren wir ein Dorf. Die Vorgärten sind gepflegt und die Holzzäune farbig gestrichen. Es handelt sich um ein Dorf, wo überwiegend Russen mit deutscher Abstammung leben. An einem kahlen Hügel liegt ein blau eingezäunter Friedhof. Die Farbe blau bemerken wir sehr häufig überall im Land. Entweder gab es nur einen Farbton in der „Planlosen Wirtschaft" oder die Russen haben eine besondere Beziehung zu hellblau. Wir können es jedenfalls nicht deuten.

Die Straße verläuft wieder fast parallel zur transsibirischen Eisenbahn. Die längste Eisenbahnstrecke der Welt.

Allein 7857 km legt der Zug von Moskau nach Peking zurück. Ein weißer Obelisk, genau 1777 km östlich von Moskau, bildet die Wasserscheide zwischen Europa und Asien. Und immer wieder das reglose Spalier aus Birken und Telegraphenmasten oder Telegraphenmasten und Birken. Alleine von Moskau bis Irkutsk beträgt die Fahrtdauer 80 Stunden. Fahrtdauer von Moskau nach Peking beträgt 5 Tage. In Ulan-Ude zweigt ein Schienenstrang nach Vladivostok ab. Auf den Bahnhöfen versorgen Bäuerinnen die Reisenden mit Pellkartoffeln, Teigwaren, eingelegten Gurken und dem Supergetränk „Kwass". Von Moskau nach Vladivostok sind es über 10 000 Bahnkilometer.

Unser nächstes Hauptziel ist Tschita. Wenn alles klappt und „Es so sein soll" können wir es bis morgen schaffen. Das heißt, wir müssen noch einmal an der Strecke übernachten. In dem kleinen Ort Baba legen wir an einer Kaffeebude eine kurze Pause ein. Wir müssen uns in das „goldene Buch" eintragen.

Beim Durchblättern finden wir eine Eintragung von dem Motorradfahrer Zesch. Er hat vor einigen Jahren Sibirien durchquert. Wie klein ist doch die Welt.

Wir bekommen den Hinweis, dass es in Xilok ein Hotel geben soll. Es sind nur noch 30 km Fahrzeit. Xilok entpuppt sich als eine völlig heruntergekommene Kleinstadt, die aber über einen Bahnhof der transsibirischen Eisenbahn verfügt. Verzweifelt suchen wir nach dem Hotel. Man versucht uns zu helfen, wo es geht. Wir halten einen Krankenwagen an. Der Wagen fährt voraus zu der vermeintlichen Unterkunft. Das Hotel ist geschlossen.

Wir fahren wieder kreuz und quer durch den Ort. Vergeblich! Plötzlich taucht der Krankenwagen wieder auf. Eine Krankenschwester gibt uns zu verstehen, dem Wagen zu folgen. Wir fahren gemeinsam zum Krankenhaus. Uns erwartet ein zweistöckiger total verkommener Plattenbau. Wir sind geschockt. Wir werden von einem jungen Arzt, der leidlich Englisch spricht, begrüßt. Wir fragen ihn, ob er uns aufnehmen kann. Nach kurzer Beratung stellt man uns ein Zimmer und eine Garage für „Difty" zur Verfügung. Spontan verschenken wir unsere ganzen Medikamente, die wir von einigen Apotheken in Bremerhaven kostenlos erhalten hatten. Wir behalten nur ein paar Kohletabletten.

Der Arzt ist sprachlos und wir beziehen unser Zimmer. Es ist ein Vierbettzimmer. Die Tür hängt schräg in den Angeln. Als wir das Zimmer betreten, prallen wir entsetzt zurück. Es fällt mir schwer, den Zustand dieser Bleibe zu beschreiben. Ich will es trotzdem versuchen. Kein Waschbecken, kein Klo und überall abbröckelnder Putz!

Der Fussboden ist mit einem abgewetzten Linoleum belegt, der vor Schmutz starrt. Einfachste Holzbetten aus Latten zusammengeschustert mit angerosteten Federdrahtmatratzen und einer dünnen schmutzstarrenden Matratzenauflage. Die Bettwäsche war noch nie weiß und wird es auch nie. Sie ist mit alten dunklen Blutflecken übersät. Wir haben keine Wahl. Wir werden einfach unsere Anzüge und Jacken anlassen.

Xilok – Blick in unser Krankenzimmer.

Beim Abendessen greifen wir auf unsere Notverpflegung zurück. Ölsardinen, Dosenbrot und Wodka. Der Oberarzt schenkt uns ein großes Glas selbstgemachte Brombeermarmelade und zwei Flaschen Mineralwasser. Wir bitten ihn, uns eine Auflistung der am dringendsten benötigten Medikamente zu erstellen.

Wir versprechen ihm, wenn wir wieder in der Heimat sind, eine Hilfsaktion anlaufen zu lassen, um dieses Elend zu lindern. Dringend erforderlich ist Bettwäsche, Wolldecken und Handtücher. Wir hoffen auf die Mithilfe unserer Stadt und der Bürger Bremerhavens und umzu. Es wird nicht einfach sein, die Hilfsgüter durch die polnische und russische Bürokratie zu schleusen.

Lange liegen wir noch wach und machen uns unsere eigenen Gedanken. Wie wenig ist doch ein Menschenleben wert.

Zum Töten sind keine Instrumentarien zu teuer, zum Heilen fehlt es an allen Ecken und Kanten!

24. Juni 1999

Trotz der dünnen Drahtmatratze haben wir gut und sicher geschlafen. Wir waschen uns mit Mineralwasser. Wir machen noch einen Krankenbesuch im Nebenzimmer. Auch hier unbeschreibliche Zustände. Alles an überflüssiger Bekleidung verschenken wir. Alle bekommen weiße Socken. An einem Gipsfuß haben wir so unsere Schwierigkeiten.

Wir sind erschüttert, unter welch unwürdigen Verhältnissen die Menschen in diesem „Krankenhaus" vegetieren. Wir können unsere Tränen kaum zurückhalten. Das Frühstück hat uns nicht besonders geschmeckt. Wir verabschieden uns von den beiden Ärzten, die hier einen verzweifelten Kampf um das Überleben von zirka 140 Patienten führen.

Beim Verlassen der Stadt legen wir an einem Bahnübergang den gesamten Güterverkehr der transsibirischen Eisenbahn lahm. Manni musste mal wieder schnell aufs Klo. „Difty" stand halb auf den Schienen, als die Bahnschranken sich senkten. Manni rannte mit halb herunterhängender Hose über die Schienen und konnte die Situation gerade noch bereinigen. Sehr zur Belustigung der Russen.

Wir sind wieder auf der M55 und fahren in Richtung Tschita. Wir erreichen die Stadt um 16.00 Uhr. Tschita hat 320.000 Einwohner. Im Touristenamt empfängt uns die Chefin Natalia persönlich. Sie spricht deutsch und ist bereit, uns weiterzuhelfen. Sie erzählt uns, dass es in der Stadt ein „deutsches Gymnasium" gibt, wo ab der 2. Klasse deutsch gelehrt wird. Ein deutscher Pädagoge betreut die Schule und er wird jährlich ausgewechselt. Natalia beschafft uns erst einmal ein „Motel" mit dem Namen Panama City. Eine super Anlage von den Amerikanern gebaut. Große Zimmer, breite Betten, weiße Bettwäsche, warmes und kaltes Wasser und klassische Musik von einem talentierten Flötenorchester mit Oboenuntermalung.

Gestern noch das Elend im Krankenhaus von Xilok und jetzt dieser Luxus. Wir duschen ausgiebig und schmeißen uns in Schale. Eine angenehme Atmosphäre erwartet uns im Luxusrestaurant, mit Live-Band, in der Besetzung Saxophon, Keyboard und klasse Background- und Solosängerinnen. Wir bestellen uns ein feudales Menue, wobei wir immer wieder zum Tanzen aufgefordert werden. Wir kommen einfach nicht zum Essen. Bald übermannt uns die Müdigkeit. Noch etwas klassische Musik, dann fielen uns die Augen zu.

25. Juni 1999

Um 7.45 Uhr ist die Nacht zu Ende. Wir werden durch lautes Klopfen an unserer Zimmertür geweckt. Manni springt auf, öffnet die Tür und erblickt zwei gutaussehende Damen. Zum Tanzen ein wenig zu früh, finde ich. Sie stellen sich als Reporterinnen vor. Eine Dame spricht fließend deutsch. Der Radiosender von Tschita will uns um 9.00 Uhr live auf Sendung nehmen. Es muss alles sehr schnell gehen.

Schnell duschen und ab in den Frühstücksraum. Um Punkt 9.00 Uhr hören wir unsere Stimmen im Radio. Langsam werden wir zu Profis. Eine ausführliche Berichterstattung soll im Abendprogramm folgen. Natalia vom Touristenamt erscheint. Wir sollen um 10.00 Uhr dem Oberbürgermeister vorgestellt werden. Wir fahren mit „Difty" in die Innenstadt zum Rathaus, wo uns das Fernsehen bereits erwartet. Sie folgen uns mit ihren Kameras bis in den Empfangssaal. Es wird eine feierliche Zeremonie.

Der Oberbürgermeister heißt uns herzlich in Tschita willkommen und gibt uns einen kurzen Abriss über die Geschichte seiner Stadt. Wir überbringen die Grüße unserer Stadt und übergeben feierlich unseren Wimpel. Auch der Oberbürgermeister von Tschita überreicht uns Geschenke. Wir berichten über unsere Reise und über die noch vor uns liegende Route. Der Oberbürgermeister von Tschita bekundet starkes Interesse an Bremerhaven. Eine deutsche Patenstadt hat Tschita noch nicht. Wir versprechen unseren Oberbürgermeister zu informieren. Nach der Verabschiedung verlassen wir das Rathaus und fahren „Difty" vor einen Brunnen auf den Marktplatz.

Wir sind sofort von hunderten von Menschen umlagert. Zwei Fernsehteams begleiten uns und drehen unsere Story. Wir singen live und die Hitze macht uns zu schaffen. Eine Gruppe von Studentinnen und Studenten, die gerade ihr Examen bestanden hatten und alle deutsch sprechen, umringen uns und lassen Fragen über Fragen auf uns niederprasseln. Unsere Autogramme sind sehr gefragt. Eine Frage ist zum Beispiel: „Habt ihr dieses Auto selber gebaut?" Wir versprechen wieder zu kommen und umarmen ganz Tschita.

Mittlerweile hat Natalia Verstärkung durch Natascha bekommen. Auch sie spricht sehr gut deutsch und fährt ein eigenes Auto. Jetzt sind wir in guten Händen. Wir können die Unterstützung auch gut gebrauchen, denn ab Tschita ist eine Weiterfahrt nur mit der transsibirischen Eisenbahn möglich. Über 1000 km ist die weiterführende Straße nur im Winter befahrbar.

Meine Träume als wohlbehüteter Passagier mit der transsibirischen Eisenbahn, „Difty" im Reisegepäck, die Strecke zu überwinden, werden schnell zunichte gemacht. Im Ministerium der transsibirischen Eisenbahn-Transportgesellschaft reißt man uns aus unseren Träumen. Wir können „Difty" nur auf einer angemieteten offenen Zugplattform transportieren. Es wird also ein reiner Gütertransport. Für uns bleibt nur die Möglichkeit auf der Plattform im Wagen sitzend, mitzufahren.

Die Fahrt soll nach vorsichtigen Schätzungen 4 Tage dauern. Das kann ja heiter werden. Uns bleibt keine andere Möglichkeit und wir stimmen dem Transport zu. Jetzt beginnt die russische Bürokratie.

Alle Schalter sind mit Frauen besetzt, die ihre Macht ausspielen und sich praktisch selbst verwalten. Es dauert Stunden, ehe uns das wichtigste Papier zur Anmietung der Plattform auf einem weit vor der Stadt liegenden Güterbahnhof ausgehändigt wird. Mit 7435 Rubel sind wir dabei, denken wir. Zusätzliche Kosten der Verladung und Verzurrung sind am Güterbahnhof zu entrichten.

Auch die Abnahme der Feuerwehr ist nicht kostenlos. Die Beladung soll am 26. Juni 1999 um 9.00 Uhr erfolgen. Da heißt es wieder früh aufstehen. Wir fahren erst einmal zurück zum Hotel, um uns frisch zu machen.

Natalia, die Touristikmanagerin, will uns noch etwas von der Umgebung von Tschita zeigen und uns ein Ferienprojekt an einem See vorstellen. Natascha, die den

TSCHITA:
Auf eine angemietete Plattform wird „Difty" verladen und zum Transport festgemacht. Ob das alles hält?

Wagen fährt, rast über die Bodenwellen und durch die Kurven, dass ich mich fast im Wagen übergeben hätte. Dabei fallen ihr vor Müdigkeit die Augen zu. Sechzig Kilometer von Tschita, erreichen wir das Super-Projekt der Touristenförderung.

Nach einer Fahrt durch metertiefe Schlaglöcher und einen Wald erreichen wir das Seeufer. Die angeblichen Ferienhäuser sehen aus wie nach einem Luftangriff. Manni und ich sagen uns: „Aus dieser Müllkippe kann nie etwas Vernünftiges werden." Wir lassen uns unsere Enttäuschung nicht anmerken und machen uns auf den Rückweg. Natalia zeigt uns am Straßenrand einen der typischen „Schamanenplätze". Er wird von allen Bevölkerungsschichten gleichermaßen aufgesucht, um dem sibirischen Gott Burchan die Ehre zu erweisen. Es sind Holzgestelle oder Bäume, wo an einem dünnen Seil unzählige bunte Stoffstreifen wie eine Girlande hängen. Kleine Geschenke wie einzelne Zigaretten, Geldscheine und Münzen. Auch wir hinterlassen ein paar Münzen und wünschen uns etwas.

Zurück im Hotel bittet uns der Bandleader im Restaurant um einen kurzen Live-Auftritt in einer Gaststätte in der Innenstadt. In einer Pause rasen wir mit 120 km/h durch die Innenstadt von Tschita. Sein schwerer Wolga schlingert um jede Kurve. Die Instrumente stehen schon für uns bereit. Nach einer halben Stunde geht es in halsbrecherischer Fahrt zurück zum Hotel. Die nächsten Tage sollen die härtesten der ganzen Reise werden.

26. Juni 1999

Frühzeitig stehen wir auf und packen unsere Sachen. Um 8.30 Uhr wollen uns Natalia und Natascha abholen. Natascha hat verschlafen. Gemeinsam fahren wir in Richtung Güterbahnhof, um uns erneut der Bürokratie zu stellen.

Wir denken, wir fahren in eine Filmkulisse von Hollywood. Zwischen all dem Schrott soll für uns die angemietete Plattform bereitstehen. Während Natascha und ich uns um die Papiere bemühen, kümmert sich Manni um die Verladung und fachgerechte Verzurrung von „Difty". Für mich beginnt ein russisch bürokratischer Leidensweg.

Ich buche erstmal von Tschita nach Skowarodinow, in der Hoffnung, dass wir auf eine befahrbare Straße stoßen. 700 km Bahnstrecke hätten wir in Deutschland an einem Tag abgerissen. Es dauert Stunden, ehe ich nach Ableistung von 32 Unterschriften (es gibt kein Blaupapier) die wichtigen Fahrkarten in meinem Besitz habe. Ich hatte mich zu früh gefreut. Mit der Fahrkarte und sämtlichen Papieren muss ich noch zur Feuerwehrhauptstelle, um eine Belehrung über das Verhalten von Personen auf russischen Zügen, speziell auf Plattformen, über mich ergehen zu lassen.

Der Oberfeuerwehrhauptmann fragt mich als erstes nach unserem Feuerlöscher, den wir natürlich nicht haben. Erst einmal so tun, als hätten wir einen. Die Treibstoffmenge in unseren Tanks ist schon heikler.

Meine Angaben scheinen nicht vertrauenserweckend. Sie machen ein Löschfahrzeug startklar und begleiten uns zum Güterbahnhof. Nur kommen Manni und ich ja nicht aus Dummsdorf, sondern aus Bremerhaven! Wir besprachen geheime Dinge immer auf Plattdeutsch!

Bei unserer Ankunft war „Difty" schon auf der Plattform mit Baustahl verzurrt. Ich kann Manni kurz den Sachstand schildern. Die Benzinfrage ist schnell geklärt. Mit einem Trick (Natoknochen) wird die gesamte Elektrik lahmgelegt, so dass die Tankuhr null anzeigt. Die Russen sind zufrieden.

Kritisch wird es mit dem Feuerlöscher. Da fällt mir ein. Mensch, wir haben doch noch die Spezial-Nirosta-Tragethermoskanne mit Haltegriff im Gepäck. Der ideale Feuerlöscher! Die Russen sind von dem „Hightechgerät" begeistert. Der Feuerlöscher wird akzeptiert und unsere Papiere abgestempelt. Gute Fahrt!

Die Zeit drängt! Abschied von Natalia und Natascha, ohne deren Hilfe wir große Probleme bekommen hätten. Danke und Aufwiedersehen!

Wir sind auf dem Güterbahnhof ab sofort wieder auf uns alleine angewiesen. Hier werden alle Züge für den Güterfernverkehr zusammen rangiert. Es ist 38° Celsius warm und wir werden stundenlag rangiert bis es um 20.00 Uhr endlich losgeht. Einen kurzen Vorgeschmack der uns bevorstehenden Strapazen haben wir schon beim Rangieren bekommen.

Die mit allen möglichen Güter beladenen Waggons und Tankwagen knallen mit solch einer Wucht auf einander, dass wir uns gegenseitig festhalten müssen. Die Strecke ist voll elektrifiziert. Wenn wir „Difty" berühren, bemerken wir einen schwachen Kriechstrom in den Fingerspitzen. Wir haben leider keine Glühbirne dabei, sonst hätten wir einen Leuchttest vorgenommen. Wir richten uns häuslich auf der Plattform ein, während der aus 82 Güterwaggons bestehende Zug sich langsam aus einem Gewirr von Schienen und Weichen aus Tschita herausschlängelt.

Wir sitzen im Wagen, trinken Wodka, essen Ölsardinen und Müsli-Riegel. Wir kommen uns vor, als säßen wir auf einem Festwagen des Kölner Karnevals. Nur die Kamellen und die „Alaaf-Rufe" fehlen. Wir erreichen offenes Gelände. Es geht immer an einem Fluss entlang, weite Ebenen tun sich auf. Dann rücken wieder die Berge in greifbare Nähe. Wenn wir eine langgestreckte Kurve fahren, sehen wir in der Ferne unsere beiden Dieselloks.

Beim Durchfahren von kleinen Dörfern winken uns die Menschen zu. Wir sind eben etwas Besonderes. Hin und wieder wird der Zug von Bremsstössen geschüttelt. Wir halten das für normal. Das wird sich in Kürze als Trugschluss herausstellen. Es geht uns gut. Zum Pinkeln steigen wir kurz aus, halten uns an den Haltegriffen von „Difty" fest und erledigen unser Geschäft.

Wir fahren bis 22.00 Uhr. Man stellt uns auf einen Güterbahnhof für die Nacht ab. Um 3.00 Uhr soll es weitergehen. Wir bereiten uns auf die Nacht vor. Manni will unbedingt auf den losen Brettern der Plattform schlafen. Ich bevorzuge den Vordersitz von „Difty". Es ist immer noch hell, als wir uns gegenseitig gute Nacht wünschen.

27. Juni 1999

Die strahlende Morgensonne weckt uns. Wir stehen immer noch auf dem Verschiebebahnhof. Weit sind wir noch nicht gekommen. Wir werden mit unserer Plattform von einem Gleis zum anderen rangiert. Ein System ist nicht erkennbar. Waschmöglichkeiten gibt es keine und rasieren fällt sowieso aus. Eine Verpflegungsstelle ist weit und breit nicht zu sehen. Wir joggen auf unserer Plattform um die steifen Glieder zu lockern.

Ich bekomme Durst auf Pfefferminztee. Teebeutel haben wir genügend, nur kein heisses Wasser. Neben uns hält eine Lok. Der Lokführer lehnt aus dem Fenster und grüsst uns freundlich.

Ich nehme sofort die Chance wahr und bitte, indem ich unseren blitzenden „Feuerlöscher" rüberreiche, um heißes Wasser. Was immer er auch verstanden haben mag, lässt sich im nachherein nicht mehr feststellen. Hilfbereit verlässt er sein Führerhaus, ergreift eine Zinnkanne und ehe ich noch „Halt" rufen kann, kippt er mir die Thermosflasche randvoll mit blaugrünem Motorenöl. Das hat uns gerade noch gefehlt! Wir bedanken uns mit langen Gesichtern und damit fällt der warme Frühstückstee aus.

Wir haben noch etwas Schwarzbrot aus der Dose und Marmelade aus dem Krankenhaus in „Xilok". Ein wahres Festmahl! Immer wieder erscheinen Russen auf unserer Plattform und umringten „Difty". Überwiegend sind es Frauen, die die Geschicke der Bahn leiten. Alle sind begeistert von unserer Tour. Eine ältere Dame können wir überreden, unsere „Ölkanne" notdürftig zu reinigen. Fairy Ultra geben wir gleich mit. Trotz Reinigung lässt sich ein leichter Ölgeschmack nicht vermeiden.

Fragen wir, wann es weitergeht, zucken alle mit den Schultern. Wieder werden wir tagelang keine Informationen an unser Presseteam in Bremerhaven geben können. Bahnhöfe bekommen wir nur im Vorbeifahren zu Gesicht und an der Strecke gibt es weder ein Klo, noch Fax oder Telefon, um Kontakt nach Deutschland aufzunehmen. Über Handy sind alle Frequenzen tot.

Es ist mittlerweile 14.15 Uhr geworden. Der Himmel ist bedenkt und es ist recht kühl geworden. 16 Stunden hat es gedauert, um unseren Güterzug zusammenzustellen. Es beginnt, in Strömen zu regnen. Wir verkriechen uns in unseren Overalls im Wagen. Langsam setzt sich der Schienenwurm in Bewegung. Vor uns sind mehrere Waggons einrangiert worden. Der feine Kohlenstaub in Verbindung mit der Feuchtigkeit bildet einen schwarzen Schmierfilm auf unserer Haut und auf unseren Anzügen. Wir sehen aus wie Kohlenarbeiter unter Tage. Unsere vormals weißen Halstücher sind schwarz voll Ruß. Unsere Gesichter voller Bartstoppeln runden unser Aussehen ab. Das Wetter lässt es nicht zu, den Wagen zu verlassen.

Wir fahren, fahren, fahren, mir scheint, in die Unendlichkeit. Begegnen wir einem anderen Zug lässt der Lokführer zur Begrüßung sein Signalhorn erschallen. Manni antwortet mit seiner Wagensirene. Die Städte, die wir durchfahren, sehen nicht gerade einladend aus. Schrott über Schrott. Nichts, aber auch rein gar nichts deutet auf eine Verbesserung der Situation hin.

Aus einer Weltmacht ist ein Armenhaus geworden. Wir können die deutschstämmigen Aussiedler verstehen, wenn sie diesem Chaos den Rücken kehren. Nur der Stolz der Russen und die Gastfreundschaft sind einmalig auf dieser Welt. Das Wetter bessert sich und es klärt auf. Die Sonne setzt sich trotz der fortgeschrittenen Zeit nochmal durch.

Der Zug ist mindestens 500 Meter lang. Eine harte Arbeit für unsere zwei E-Loks. Die Landschaft ist vergleichbar mit dem Sauerland. Um uns die Zeit zu vertreiben, kommen uns die unmöglichsten Ideen: Wieviel Hartholz-Eisenbahnschwellen wurden allein für den Bau der Transsibirischen Eisenbahn von Moskau nach Wladiostok verbaut. Wir kommen auf zirka 500 Millionen Schwellen. Das sind 50 Millionen Bäume. Dabei kamen über 100.000 Menschen in den Sümpfen zu Tode. Es waren überwiegend Strafgefangene und Andersdenkende. Wir werden immer wieder durch starke Kupplungsstöße, die beim Bremsen und Beschleunigen entstehen, hin und her geschleudert. In Deutschland wären in meinem Wagen schon alle Airbags aktiviert worden.

Während der Zug einen kurzen Stopp einlegt, nutzen wir die Chance, unsere beiden letzten Dosen Ölsardinen zu verzehren. Das Öl schütteten wir einfach aus dem rechten Wagenfenster. Die Spuren sind noch nach unserer Rückkehr erkennbar. Der Zug setzt sich erneut in Bewegung, in kurzen Abständen erhalten wir starke Stöße. Der Wodka fliegt uns aus den Trinkbechern. Wir überschütten uns mit unseren Mixgetränken, lachen darüber und schon knallen die Waggons erneut aufeinander.

Wir haben Vollmond. Reste der rotglühenden Wolkenfetzen der untergehenden Sonne und der bereits am Himmel stehende Mond, lassen uns unvergessliche Stim-

Wir „leben" auf einer Plattform.

mungsbilder erleben. Wir fahren immer am Fluss Ohoh entlang. Mangrovenartige Gewächse säumen seine Ufer. Alte Wachtürme, ausgebrannte Kirchen und zerfallene ehemalige Herrenhäuser zeugen von ehemaliger Kultur. Dazu kommt der moderne Schrott. Was hier in Sibirien umfällt, bleibt einfach liegen.

Das monotone Tack-Tack, Tack-Tack der Schienenstöße wird plötzlich durch ein uns unbekanntes Geräusch übertönt. Der linke Radsatz der Plattform arbeitet lauter und unregelmäßig. Wir sind besorgt. Wenn wir hier aus den Gleisen springen, kräht kein Hahn mehr nach uns. Wir wären für immer verschwunden und der Bestatter Koop in Bremerhaven hätte das Nachsehen.

Kurz vor Mitternacht halten wir auf einem riesigen Güterbahnhof. Nach Rücksprache mit dem Zugbegleitpersonal soll es am 28. Juni 1999 um 6.00 Uhr morgens weitergehen. Wir verlassen kurz die Plattform, um das unbekannte Geräusch zu identifizieren. Wir fühlen die Radlager ab und untersuchen die Laufräder auf sichtbare Schäden. Nichts zu finden. Wir haben noch kein Auge zugetan. Unser Magen knurrt vor Hunger, aber er muss wohl noch ein paar Tage warten, bis wir wieder etwas zu essen bekommen.

Manni richtet sein Nachtlager wieder auf den harten Brettern des Waggons ein. Ich schlafe lieber im „Difty". Ich entdecke noch eine Flasche Fanta unter dem Rücksitz. Als ich meine Hand unter dem Sitz hervorziehe ist sie schwarz. Die Tonnenfarbe, mit der Manni den Fahrzeugboden konserviert hat, ist von der Wärme flüssig geworden. Womit soll ich bloß meine Hände wieder säubern.

Wohin wird unsere Reise wohl gehen?

Ich versuche es mit Wodka. Kein Erfolg! „Tonnenfarbe im Auto ist wie Scheisse im Wohnzimmer!" Wir legen uns schlafen. Es ist Mitternacht, als ein Ruck durch den Güterzug geht. Ich bin sofort hellwach. Manni hat nichts bemerkt. Er liegt wie eine Wurst auf den losen Holzplanken. „Der Horrortrip beginnt!"

28. Juni 1999

Langsam setzt sich der Zug in Bewegung und verlässt den Güterbahnhof. Für mich beginnt eine Nachtfahrt durch Sibirien, die ich mein Leben lang nicht vergessen werde und bei der ich seit langem wieder einmal Angst verspürt. Die Fahrt geht sechs Stunden durch Sumpfgebiete der Taiga, über Flüsse mit nicht vertrauenserwecken-den Stahl- und Holzbrücken, durch Tunnel, die mir beim Durchfahren den Atem rau-ben.

Es beginnt zu regnen. Manni rührt sich nicht in seinem Schlafsack. Seine neuen Turnschuhe hat er neben sich stehen. Langsam regnen sie voll Wasser. Ich traue mich nicht aus dem Wagen. Mit ohrenbetäubendem Lärm rasen wir dahin. „Difty" wird immer wieder durch harte Kupplungsstöße hin- und hergeworfen. Hoffentlich halten die Stahlseile. Ich muss mich im Wagen festhalten, um nicht herumgeschleudert zu werden.

Nebelbänke lassen alles noch gespenstischer erscheinen. Wolkenfetzen rasten vor dem Mond entlang. Erinnerungen an den „Schimmelreiter" werden in mir wach. Ich kann vor Erschöpfung nicht einmal pinkeln. Um 7.00 Uhr in der Frühe ist der Spuk vorbei. Wir halten irgendwo außerhalb eines Bahnhofs und reihen uns zwischen unzähligen Güterzügen im Gleisgewirr ein. Manni schläft immer noch. Die Sonne geht auf und langsam schält er sich mit steifen Gliedern aus seiner „Behausung". Seine ersten Worte sind: „Matterhorn, wo kann ich mal dringend was erledigen?". Er hat Glück, an einem Bahnwärterhäuschen entdeckt er ein Plumpsklo. Als er zurück-kommt meint er: „Der ganze Bahnhof ist ein Sch...haus". Er erreicht gerade noch den anfahrenden Zug. Leichtsinn.

Unser Höhenmesser zeigt 900 m ü.N. an und in der Ferne liegt noch Schnee auf den Bergen. Wir entfernen uns immer weiter von unserer Heimat. Auf die Frontschei-be haben wir einen Sticker mit der Aufschrift „Seestadt Bremerhaven" geklebt. Somit haben wir unser Ziel immer vor Augen.

Wir träumen von einer Dusche, frischer Wäsche und einer warmen Mahlzeit. Seit drei Tagen haben wir uns nicht mehr waschen können und der hygienische Zustand nimmt bedrohliche Formen an. Manni fragt mich immer wieder: „Wie seh' ich aus?" und meine Antwort lautet immer: „Gut siehste aus, Manni". In Wirklichkeit starrt mich das Grausen an. Ein Clochard wirkt gegen ihn wie ein Model.

Gesundheitlich sind wir topfit. Wir leben nun schon 30 Tage auf engstem Raum zusammen und haben uns immer noch genügend Geschichten zu erzählen. Wir sind nach wie vor höflich zueinander und die Strapazen schweißen uns immer enger zusammen. Es regnet mal wieder. Als Bewegungsausgleich benutzen wir unsere

Manni's wichtige Frage:
„Matterhorn!
Wie seh' ich aus?"
„Du siehst gut aus,
Manni".
(Wirklich?)

Plattform, die sich langsam aufzulösen beginnt, als Jogging-Fläche. Unsere Overalls sind unbezahlbar.

Es ist 15.30 Uhr. Wir nähern uns Slowarodino. Hier wollen wir den Zug verlassen und uns wieder auf die Straße begeben. Wir haben uns zu früh gefreut, der Güterzug landet auf einem Abstellgleis und wir warten und warten – aber nichts geschieht. Das Rangierpersonal kann uns keine Auskunft geben. Manni hat schon ein „Plattformsyndrom". Er ruft immer laut: „Plattform, Plattform" in der Hoffnung, dass wir dann eher mitgenommen werden.

Endlich, um 19.15 Uhr, geht ein mächtiger Ruck durch den Zug. Wir fahren weiter und erreichen Slowarodino um 22.00 Uhr. Wir erkundigen uns nach der Beschaffenheit der Straße, die Antwort ist niederschmetternd. „Nicht befahrbar" lautet die Antwort der Russen. Wir sollen mit dem Zug weiter nach Magdagatsche fahren. Das sind noch einmal 300 km. Nur nicht den Mut verlieren.

Zuerst müssen wir Fahrkarten nachlösen. Das Rangierpersonal ist uns behilflich. Manni verlässt die Plattform und macht sich auf den Weg. Drei Kilometer zum nächsten Kontor. Als er dort ankommt, hat er zuwenig Geld bei sich. Die Russen verlangen nochmal 2800 Rubel. Erschöpft kommt er zurück und muss sich dann noch einmal auf den beschwerlichen Weg machen. Bei der Gelegenheit kauft er noch eine Dose Gulasch und gefrorene Geflügelwürstchen.

Nach zwei Stunden sind alle Formalitäten erledigt. Wir müssen uns noch auf eine lange Nacht einrichten. Manni klettert wieder in seinen noch feuchten Schlafsack, während ich es mir in „Difty" bequem mache. Es fängt so stark zu regnen an, dass Manni die Plattform verlassen muss und zu mir in den Wagen kriecht. Wieder und wieder werden wir hin- und herrangiert. Erschöpft schlafen wir ein.

29. Juni 1999

Wir sind die Nacht durchgefahren und erreichen Magdagatschi um 8.30 Uhr. Unsere Plattform, oder besser gesagt, der Rest davon, rollt an eine Entladerampe. Die Entladung kostet nochmal 500 Rubel. Keine Drahtschere, kein Hammer, kein Meißel – es ist zum Verzweifeln. Nach einer Stunde gelingt es den Russen, uns zu entzurren. Manni fährt „Difty" über eine halsbrecherische Rampe sicher auf festen Untergrund.

Um 10.40 Uhr sind wir wieder auf Achse. Es ist keine Straße, sondern eine Piste, bestehend aus Schlämmsand, Geröll und unvorstellbaren Schlaglöchern. Jetzt kann es nur noch besser werden. Höchstgeschwindigkeit 40 km/h im zweiten Gang.

Ein Hinterreifen und der rechte Vorderreifen haben nicht mehr den vollen Luftdruck. Der Bahnhof von Magdagatschi ist in einem desolaten Zustand. Verrostete Anlagen, Schornsteine, aus denen pechschwarzer Rauch steigt, eingestürzte Häuser, Menschen, die teilweise wie Tiere leben müssen. Ohne Zukunft und trotzdem immer hilfsbereit und freundlich. Wir, unrasiert und vor Schmutz starrend, passen gut in diese Umgebung.

Um 2.15 Uhr haben wir 9000 Kilometer hinter uns gebracht. Es regnet in Strömen und die Schlaglöcher füllen sich mit Schlamm. Manni kann nur 30 km/h fahren. Pro

So sieht es im Bahnhof von Magdagatschi aus.

Kilometer muss er sechsmal schalten. Ein uns entgegenkommender Lkw fährt durch ein Schlammloch mit gelbem Lehm. Mannis Fenster war geöffnet und der Schlamm spritzt bis in den Wagen. Uns ist alles egal. Wir sehen aus wie die Schweine.

Nach neun Stunden anstrengender Fahrt und einer zurückgelegten Strecke von 253 Kilometern erreichen wir um 20.00 Uhr die Ortschaft Shimanowsk. Wir finden ein sogenanntes „Hotel". Wieder nur kaltes Wasser. Die Wasserqualität ist sehr schlecht. Wir putzen uns mit Wodka und Cola die Zähne. Unsere Drei-Tage-Wäsche wird entsorgt.

Wir haben genügend Reserve. Unseren Tankdeckel haben wir verloren. Die Öffnung wird notdürftig mit Tape verschlossen.

Unseren Bärenhunger stillen wir in einem Restaurant am Bahnhof. Nach zwei Bieren übermannt uns die Müdigkeit. Mal sehen, was der morgige Tag an neuen Erlebnissen bringt. Noch liegen wir im Zeitplan.

Nach dieser Reise sind wir fix und fertig.

30. Juni 1999

Um 8.00 Uhr sind wir abfahrbereit und starten Richtung Blagoweschensk. Das Wetter ist gut, die Straße ist gut befahrbar und wir kommen schnell voran. Um 14.00 Uhr haben den Ort erreicht. Manni nutzt eine kurze Kaffeepause, um einem Polizisten seine russische Armbanduhr für 100 Rubel (9 DM) abzukaufen. Ein guter Kauf, finden wir. Bis Vladivostok sind es noch 1530 Kilometer und wir werden wie magnetisch angezogen. Manni meint: „Gute Gedanken sind wie ein Gebet, denn sie enthalten Dankbarkeit".

Um 17.00 Uhr überqueren wir den Fluss Bureja. Auf der Flussfähre bemerkt ein Russe, dass wir am hinteren linken Reifen Luft verloren haben. Leider haben wir unsere Handpumpe in Bremerhaven vergessen. Kein Problem. Die Russen führen alle eine Fußpumpe mit sich. Schnell ist der Reifen aufgepumpt. Sie umringen „Difty". Manni muss, wie immer, die Motorhaube öffnen. Alle staunen über die zwei Zylinder mit 25 PS und BMW-Sound.

Nach dem Anlegen der Fähre werden wir von über 50 Kindern umringt, die eine Bustour machen. Alle wollen Autogramme. Wir müssen viele Fragen beantworten. Alle sind begeistert von unserer Mission, den Frieden um die Welt zu tragen.

Alle winken uns zum Abschied zu und während es in Strömen regnet, beginnt für uns eine mörderische Rekordfahrt, die damit endet, dass wir unsere Reise neu überdenken müssen. Langsam beginnt es zu dunkeln. Nebelschwaden legen sich über die Straße. Neue Gebirgsketten schieben sich heran. Wir erkennen riesige Kohleabräumhalden. Die Förderanlagen ragen wir mahnende Finger in den Abendhimmel. Ausgemergelte schmutzige Gestalten schleichen über die schlammigen Betriebshöfe.

Empfang durch eine Schulklasse nach der Flußüberquerung.

Diese Menschen haben keine Zukunft. Von freier Marktwirtschaft keine Spur. Und wenn bei uns in unserer Wohlstandsgesellschaft mal für fünf Minuten der Strom ausfällt oder die Heizung streikt, bricht für uns eine Welt zusammen. Diese Menschen kennen nur Dunkelheit und Kälte.

Wir fahren Richtung Oblutsche. Ein Ort, der noch viel Staub auf unserer Reise aufwirbeln wird. Plötzlich haben wir uns verfahren. Eine kleine Unachtsamkeit und wir bekommen Probleme. Als Straßen kann man diese Schlammwege nicht mehr bezeichnen. Wir hatten uns vorgenommen, immer vor Einbruch der Dunkelheit eine Unterkunft zu finden. Dass wir uns diesmal nicht dran gehalten haben, sollte sich bitter rächen. Weit und breit ist kein Fahrzeug und keine Behausung zu entdecken. Unser Benzinvorrat ist aber beruhigend.

Plötzlich taucht ein Schatten am Straßenrand auf. Ein einsamer Russe mit einem Blumenstrauß in der Hand scheint uns als Rettung. Wir haben Glück. Er spricht gebrochen englisch und erklärt uns den Weg aus der Einöde. Zum Glück taucht auch noch eine Kaffeebude auf, in der wir Abendessen können. Es dauert nicht lange und der enge Raum füllt sich mit Gästen. Alle bewundern Mannis Pfeife. Er sieht damit wie Stalin aus. Jeder möchte mal daran ziehen und so rauchen wir gemeinsam mit wildfremden Menschen die Friedenspfeife. Weiter geht's. Nach 30 Kilometern haben wir uns erneut in der Dunkelheit verfahren. Wieder zurück und neu ansetzen.

Endlich sind wir am Ziel und sehen vereinzelte Lichter in der Ferne. Das muss der Ort Oblutsche sein. Mittlerweile ist es fast Mitternacht. Das einzige Hotel stellt sich als miese Absteige heraus. Vor der Eingangstür lungern angetrunkene Russen herum. Ein Wolga mit vier Fahrgästen kommt uns gleich ein bisschen komisch vor. Während ich zur Rezeption gehe, um uns ein Zimmer zu buchen, sichert Manni den Wagen. Die Wirtin Tanja an der Rezeption ist stark betrunken. Ich fülle die Anmeldeformulare aus. Bei der Zimmerbesichtigung trifft mich der Schlag. Eine grausame Bude. Die Wirtin holt Bettwäsche und ich will ihr beim Beziehen der Betten helfen, als sie plötzlich ihre Meinung ändert, was unsere Beherbergung betrifft. Was auch immer passiert sein mag, ich kann den plötzlichen Sinneswandel nicht deuten. Während der lauten Unterhaltung betitelt mich Tanja als „Deitsches Schwein".

Mir wird die Sache gefährlich und ich begebe mich zurück zur Rezeption, wo Manni, den man zuhilfe geholt oder vom Wagen weggelockt hat, bereits auf mich wartet. Diesen kurzen Moment müssen die Russen abgewartet haben, um die unverschlossene Hintertür von „Difty" zu öffnen. Blitzschnell müssen sie Mannis rote Jacke mit sämtlichen Papieren (ohne Geld oder Scheckkarten), das so wichtige „Scrapbook", zwei Autoatlanten und ein Wörterbuch gestohlen haben.

Manni hat nur noch seinen Personalausweis. Damit werden wir schwerlich Russland in Richtung Japan verlassen können. Wir bemerken den Diebstahl erst, als wir uns an einer Tankstelle einen ruhigen Platz zum Übernachten gesucht haben, weil man uns ja vorher die Unterkunft verweigerte. Für einen Moment verlassen Manni die Nerven. Er läuft immer um den Wagen herum und brüllt unverständliche spanische Flüche in den russischen Nachthimmel.

Wir beruhigten uns aber sehr schnell und Manni meint, er hätte schon ganz andere Situationen gemeistert. Vorwürfe machen wir uns keine. Die Reise hat durch den Vorfall an Spannung nur noch zugenommen. Der klare Verstand behält die Oberhand. Erst einmal ausruhen, morgen sieht die Welt wieder ganz anders aus. Unser nächstes Ziel ist Habarosk.

1. Juli 1999

Wir haben nur kurz geschlafen. Manni hat noch lange über Lösungsmöglichkeiten nachgedacht, wie er ohne Einreisevisum, Reisepass und Fahrzeugpapiere Russland in Richtung Japan verlassen kann. Erstmal nach Vladivostok. Von dort unser Team in Bremerhaven informieren und uns vom Deutschen Generalkonsulat in Novosibirsk beraten lassen. Aber erstmal weiter, denn noch haben wir den riesigen Fluss Amur nicht überquert. Der Staub der Landstraße hüllt uns ein. Noch immer ist keine Fahrbahn in Sicht.

Einige Zitate:

„Solange es hinter dem Wagen staubt, regnet es noch nicht." (Manni Müller 1984, Zaire, heute Kongo)

„Was ist der Unterschied zwischen einem Tennisarm und einem Entenarm? Den Tennisarm möchte man schnell wieder los werden. Den Entenarm dagegen möchte man ein lebenlang behalten" (Matterhorn).

Um 11.20 Uhr haben wir 10.000 Kilometer mit „Difty" zurückgelegt und sind 1000 Kilometer mit der Transsibirischen Eisenbahn gefahren. Darauf sind wir stolz.

Um 14.00 Uhr steigt das Thermometer auf 40° Celsius an. Im Wagen haben wir 60° C feuchte Wärme. Tausende von Gewitterfliegen fallen über unsere ungeschützten Körperteile her. Dazwischen immer wieder große Stechmücken. Wir nähern uns dem Amur mit seinen großflächigen Sumpfgebieten. Am Straßenrand verkaufen Kinder Pilze und hübsche Blumensträuße. Nach den letzten Tagen der völligen Einsamkeit sind wir froh über jede Abwechslung. Hin und wieder streichen Raubvögel über uns hinweg. Einige Felder sind mit tausenden von bunten Blumen übersät. Endlich bessert sich die Straße. Immer seltener werden die Polizeikontrollen. Nichts kann uns aufhalten.

Um 16.30 Uhr erreichen wir die Autofähre über den Amur. Von einem Lexus-Fahrer werden wir mit einer CD beschenkt. Auf der Fähre fragen uns die Russen, ob man uns auf unserer Reise jemals bestohlen hätte. Wir erzählen von unserem Missgeschick in Oblutsche. Die Russen scheinen nicht überrascht von dem Vorfall. Eine jüdische Autonomie hat sich an uns rächen wollen. Jetzt haben wir unsere Erklärung.

Roman, ein englischsprechender russischer Student, erklärt sich bereit, uns um die 2-Millionen-Stadt Habarowsk herumzuschleusen. Außerdem setzt er uns ein Schriftstück auf russisch auf, das den genauen Hergang des Diebstahls von Mannis Papieren beschreibt. Er ist uns eine große Hilfe.

Noch 770 Kilometer bis Vladivostock. Einmal müssen wir noch übernachten. Außerhalb von Habarowsk finden wir ein Hotel. Wieder nur kaltes Wasser. Dann versiegt das Wasser ganz und der Hahn tropft nur noch. Da merkt man erst, wie kostbar Wasser sein kann.

Manni ist heute 504 Kilometer gefahren. „Hut ab" kann man da nur sagen.

2. Juli 1999

Abfahrt 8.30 Uhr. Tachostand 35.695.

Noch 645 Kilometer bis Vladivostok. Ölpeilung: OK.

Wir sind wieder im Rennen. Heute wollen wir Vladivostok erreichen. Wir befahren eine Traumstraße, die durch waldreiches, bergiges Land führt. Vergleichbar mit der Hochsauerland-Straße in Deutschland. Das Wetter ist ideal. Polizeikontrolle in Harascho – alles klar. Unser Sitzfell erregt Aufsehen.

Wir steuern eine russische Werkstatt an, da „Difty" klappert. Der Mangel wird schnell behoben. Bei der Gelegenheit wird der erste Schlauch in den hinteren linken Reifen eingezogen. Beim Abtasten der Innenseite des Mantels finden wir einen 40 Millimeter langen Nagel. Einen alten Tankverschluss bekommen wir gratis. Die Russen bauen uns beim Aufziehen einen „Geschwindigkeitsregler" mit ein.

Da der Mantel an einer Stelle nicht richtig an der Felge anliegt, entsteht eine Unwucht, die unser Tempo auf 80 km/h reduziert. Durch Steinschlag handeln wir uns an der Frontscheibe rechts einen sternförmigen Glasschaden ein, der aber als ungefährlich eingestuft wird.

Unser Ziel rückt näher. Die Zeit rennt. Es ist 20.30 Uhr. Noch 100 Kilometer bis Vladivostok. Manni wird immer unruhiger. Sein langersehnter Traum liegt in greifbarer

VLADIVOSTOK – unser Traumziel nach 12.000 km ist erreicht.

Nähe. Um 22.30 Uhr haben wir es geschafft. Genau 11.000 Kilometer sind wir selbst gefahren und 1000 Kilometer mit der Transsib gefahren worden. Kaputt aber glücklich fallen wir uns in die Arme.

Vor der Abreise hat Manni immer gesagt: „Alles was nach Vladivostok kommt, ist ein Heimspiel". Es sollte noch ein verdammt schweres Spiel werden. Als wir in die auf mehreren Hügeln gelegene Millionenstadt einfahren, regnet es in Strömen. Wir können uns nicht orientieren.

An einer Bushaltestelle wird eine Polizeistreife auf uns aufmerksam. Sie hat schnell unsere Situation begriffen und eskortiert uns zum Hotel „Versailles". Wie sich bei der Bezahlung der Rechnung herausstellt, war es ein Fünf-Sterne-Hotel. 182 US-Dollar ohne Frühstück. Wir haben es uns verdient.

Während ich einchecke, nimmt Manni Kontakt zu Stan und Keith auf. Die beiden sind Geschäftsleute, die sich mit Kfz-Importen beschäftigen und in Vladivostok ein Büro besitzen. Stan ist Russe und Keith kommt aus Kanada. Sie bieten uns für den nächsten Tag eine kostenlose Unterkunft an. Über uns ist wieder ein Glücksstern aufgegangen.

3. Juli 1999
Hotel Versailles, Vladivostok

Wir haben seit vielen Tagen das erste Mal wieder richtig ausgeschlafen. Im Restaurant lassen wir uns ein fürstliches Frühstück servieren. Für jeden sechs Spiegeleier mit Schinken. Wir sind ausgehungert und die Rechnung von 30 US-Dollar stört uns nicht. Um 12.00 Uhr erscheinen Stan und Keith, um uns abzuholen.

Vorher haben wir per Fax unser Around-the-world-team in Bremerhaven über den Verlust von Mannis Pässen informiert. Die Meldung schlägt ein wie eine Bombe. Unverzüglich leitet das Team alle nötigen Hilfsmaßnahmen ein. Andrea schickt erst einmal alle verfügbaren Kopien der Dokumente per Fax an unsere neue Anschrift. Die Original-Pässe und Fahrzeugpapiere werden übers Wochenende im Passamt von Bremerhaven erstellt und beglaubigt.

Alle Dokumente werden per Flugzeug-Sonderkurier verschickt und sollen uns in fünf Tagen in Vladivostok ausgehändigt werden. Was fehlt, ist das russische Ein- und Ausreisevisum.

Das wichtigste Papier ist kurzfristig nicht zu beschaffen. Dieses für uns so wichtige Dokument hält uns fest. Meine gesamte Ablauf- und Zeitplanung muss ich neu überdenken. Die damit verbunden Mehrkosten sind nicht abzuschätzen.

Um 14.00 Uhr will uns der Korrespondent von den „Vladivostok News", Russel Working, interviewen. Die Zeitung wird in englisch herausgegeben. Nach dem Inteview räumen wir unsere Zimmer, beladen „Difty" und ziehen zu Stan und Keith. Wir haben wiedereinmal das Glückslos gezogen.

Eine neue Wohnanlage mit gesichertem Parkplatz wird für mehrere Tage unser Hauptsitz. Wir können kostenlos faxen und telefonieren, verfügen über eine kleine Küche und können uns somit selbst versorgen. Man hilft uns bei der Erstellung eines

Die Tageszeitung von Vladivostok berichtet über unsere Tour.

Polizeiberichts, der den Diebstahl von Mannis Papieren genau schildert. Morgen wollen wir weitere Bilder entwickeln lassen und nach Bremerhaven schicken. Mal sehen, wie sich alles entwickelt – wir geben nicht auf.

4. Juli 1999

Heute ist Sonntag und wieder holen tausende Bremerhavener das „Sonntagsjournal" aus dem Briefkasten. Wo stecken die beiden Weltenbummler? Ist der Weltrekord noch realisierbar? Wie soll es jetzt ohne Mannis Papiere weitergehen? Fragen über Fragen.

Wir ruhen uns aus, erkunden die Stadt und beginnen, vorsichtig unsere nächsten Schritte zu planen. Zu diesem Zeitpunkt haben wir noch keine Ahnung, dass uns die Bürokratie 16 Tage lang in der Stadt festhalten würde. Morgen müssen wir sofort die japanische Botschaft aufsuchen.

Wir brauchen Gewissheit ob wir, falls wir die neuen Wagenpapiere nicht rechtzeitig bekommen, in Japan mit „Difty" die Autofähre verlassen können. Als nächstes gilt es, eine Autofähre ausfindig zu machen, die uns schnellstmöglich nach Fujika mitnimmt und wie teuer der Transport wird. Noch sind wir im Kostenplan. Alles muss gut überlegt sein und darf unseren Zeitplan nicht sprengen.

5. Juli 1999

Heute wollen wir zum japanischen Konsulat. Der japanische Konsul empfängt uns sehr reserviert. Er spricht kein englisch oder er will es nicht. Seine Sekretärin muss alles übersetzen.

Als wir unsere Situation schildern, ist er überhaupt nicht beeindruckt. Seine asiatischen Gesichtszüge sind für uns nicht zu deuten. Er ist kalt und unnahbar. Wir müssen uns beherrschen, nicht auf ihn loszugehen. Dieser Mensch ist kein würdiger Vertreter seines Landes. Er gibt uns klar zu verstehen, dass eine Einreise nach Japan

VLADIVOSTOK –
Bahnhofsvorplatz, Schiffsagentur und
Zollabfertigung (im Hintergrund).

ohne Papiere nicht möglich ist. Man würde uns unverzüglich bei Ankunft der Autofähre in Fushiki nach Vladivostok zurückschicken. Grußlos verlassen wir sein Büro. Wir sind deprimiert aber nicht mutlos. Eine neue Aufgabe wartet auf uns.

Mit Hilfe unserer neuen Freunde Stan und Keith versuchen wir, eine Schifffahrtslinie zu finden, die uns von Vladivostok nach Fujika, Japan, transportiert. Wir nehmen Kontakt mit der „Fesco-Shipping Company" auf.

Wir wollen versuchen, ohne Papiere das Land zu verlassen. Um 18.oo Uhr soll die „Antonia Nezhdanowa" den Hafen von Vladivostok verlassen. Wir stehen mit gepacktem Auto an der Verladepier. Unsere Agentin Olga versucht, uns Tickets zu beschaffen. Noch eine Stunde bis zur Ausreise.

Wir bekommen Probleme. Die russische Ausreisebehörde lässt uns von Bord holen und teilt uns mit, dass wir ohne die fehlenden Unterlagen aus Bremerhaven das Land nicht verlassen dürfen. Es gibt nur die Alternative, dass ich mit „Difty" nach Japan ausreise, während Manni mit der Transsib durch Sibirien zurück nach Moskau fahren soll. Ein für uns unakzeptabler Vorschlag.

Wir werden uns niemals trennen. So müssen wir notgedrungen auf die Ersatzpässe aus Deutschland warten. Selbst ein Gespräch mit der Deutschen Botschaft in Moskau bringt uns nicht weiter. Nur nicht aufgeben. Morgen ist auch noch ein Tag.

6. Juli 1999

Gestern abend trifft ein Fax von Andrea ein. Eskandar soll noch heute Dank der Spontanität der Bremerhavener Behörden die neuen Papiere erhalten. Ersatz-Reisepass, vorläufiger Führerschein, internationaler Führerschein, Original-Fahrzeugschein. Ein ganz besonderer Dank gebührt unserem Bürgermeister und dem Leiter des Passamtes. Die Unterlagen sollen sofort per „DHL" nach Vladivostok verschickt werden. Es wird ca. vier bis fünf Tage dauern. Wir können wieder hoffen.

Leider müssen wir heute unsere kostenlose Unterkunft räumen und ins Hotel „Vladivostok" umziehen. Die geplanten Reisekosten beginnen davonzulaufen.

Wir haben viel Zeit, die Stadt zu erkunden. „Difty" wird überall bestaunt und wir werden langsam zu Bürgern dieser Stadt. Meistens parken wir auf dem Bahnhofsvorplatz der Transsib. Wir sind immer von bettelnden Kindern umringt. Schnell haben wir Freundschaft mit ihnen geschlossen. Wir ernennen sie zu unseren Bodyguards und bezahlen sie täglich mit ein paar Rubeln oder kaufen ihnen etwas zu essen. Sie sind sehr zuverlässig und lassen niemanden an den Wagen heran. Kinder ohne Zukunft aber mit einem großen Herzen.

Morgen haben wir einen Termin beim Gouverneur von Vladivostok. Am 8.7. sind wir beim Oberbürgermeister eingeladen.

Wir nehmen mit mehreren Schifffahrtslinien Kontakt auf, um so schnell wie möglich Vladivostok verlassen zu können. Es sind schon abenteuerliche Schiffsmakler darunter. Eine dieser „Never-come-back"-Reedereien bietet uns eine Mitfahrgelegenheit (ohne Papiere) am 8.7. mit einem Frachter an. Wir fahren in den Hafen, um das Schiff zu begutachten.

Es entpuppt sich als völlig vergammelter Kasten, den nur noch der Rost zusammenhält. Ein echter Rattendampfer! Er liegt mit dem Heck zur Pier und hat keinerlei Vorkehrungen, um „Difty" verladen zu können.

Der Kapitän sieht genauso verrottet aus wie sein Seelenverkäufer. Die Entscheidung der Mitfahrt nimmt uns die Reederei am nächsten Tag ab. Wegen Maschinenschadens kann das sogenannte Schiff nicht auslaufen. Wir sind darüber nicht traurig und versuchen weiter unser Glück.

7. Juli 1999

Wieder ein verlorener Tag, den es aufzuholen gilt. Der morgendliche Empfang beim Gouverneur ist ein voller Erfolg. Der von uns überreichte Wimpel der Seestadt Bremerhaven erregt großes Aufsehen. Das Fernsehen ist zur Stelle und bringt einen langen Bericht im Abendprogramm. Dadurch werden wir immer bekannter in Vladivostok. Wildfremde Menschen sprechen uns an und wollen mehr über unsere Reise erfahren.

Wir erhalten Gastgeschenke, die wir in „Difty" verstauen. Die von uns ausgesetzte Belohnung von 500 US-Dollar für die Wiederbeschaffung des gestohlenen Scrab-Books bleibt ohne jeden Erfolg. Wir mussten es abschreiben.

Manni nimmt Kontakt zu Russel Working auf. Der Redakteur macht ein Interview mit uns und bringt uns groß in der Zeitung „Vladivostok News" raus.

Eine wichtige Bezugsperson für uns wird Demi, ein junger Russe, der uns, wann immer wir Hilfe brauchen, mit Rat und Tat zur Seite steht. Gegen den russischen Bürokratismus aber ist auch er machtlos. Wir können erst wieder aktiv werden, wenn Manni seine neuen Papiere in der Hand hält.

Am Nachmittag treffen wir auf zwei weitere Weltreisende, den amerikanischen Millionär Jim Rogers mit seiner Frau Paige Parkers. Ihr Fahrzeug ist mit „Difty" nicht zu vergleichen. Ihr gelber Mercedes SLK ist auf ein M-Klasse-Chassis montiert und verfügt über einen Klein-Anhänger. Geld spielt keine Rolex. In zwei Begleitfahrzeugen sind Bodyguards und ein Computerexperte untergebracht. Sie geben sich sehr hochnäsig.

Wir treffen amerikanische Weltreisende.

Weil sie neugierig auf unsere Story sind, laden sie uns zum Abendessen ein. Bei Crab-Legs, Bier und Vodka kommt keine richtige Stimmung auf.

Erst als Manni seine Gitarre aus dem Hotel holt, schlägt die Stimmung um und wir feiern bis spät in die Nacht. Sie erzählen uns, dass sie bis zum Jahr 2001 die Welt umfahren. Kein Kunststück bei der Ausrüstung und den zur Verfügung stehenden Geldmitteln.

8. Juli 1999

Heute ist der vierzigste Tag unserer Weltumrundung. 40 Tage verbleiben uns noch bis zum erfolgreichen Abschluss. Noch ist alles machbar. Der Empfang beim Oberbürgermeister bringt ein wenig Abwechslung in unseren Tagesablauf. Stündlich erkundigen wir uns bei DHL nach dem Eingang der Papiere.

Um 16.00 Uhr ist es dann endlich soweit. Manni kann seine wichtigen Unterlagen abholen. Er geht zum Frisör und macht sich extra „landfein". Alle Unterlagen sind brandneu in einem dicken Umschlag. Wir danken allen in Bremerhaven, die daran mitgewirkt haben. Was allerdings immer noch fehlt, ist das russische Visum.

Es dauert noch weitere zehn Tage, in denen wir an Vladivostok gebunden sind. Die gesamte Planung bricht damit zusammen. Wir müssen ganz neue Überlegungen anstellen und neue (teurere) Transportwege suchen. Aber zurück zu den Ereignissen. Wir feiern den 40. Tag und den Eingang der wichtigen Papiere bis in die tiefe Nacht mit Demi und seiner Frau.

9. Juli 1999

Um 10.00 Uhr TV-Interview, Übertragung 18.30 Uhr.

Erneute Kontaktaufnahme zu Olga, der Agentin von „Fesco-Shipping-Company", um den Transport von Vladivostok nach Japan und von Japan nach Los Angeles, USA, zu organisieren. Am 11. Juli fährt das nächste Schiff nach Fujika. Ankunft in Fujika am 13.7. um 9.00 Uhr.

Wir verabreden uns um 14.00 Uhr mit unserer Agentin. Wir legen dem Zoll die neuen Papiere vor. Über mehrere Instanzen laufen die Formulare durch die bürokratische Mühle. Hat eine Instanz zugestimmt, lehnte die nächsthöhere kategorisch ab. Da der Einreisestempel in Mannis Reisepass fehlt, muss erst eine eidesstattliche Erklärung abgegeben werden. Wir müssen uns beherrschen, um nicht ausfallend zu werden. Das einzige Wort, das wir immer wieder zu hören bekommen ist „njet". Olga leidet mit uns und hilft wo sie kann. Wir werden sie für ihre Dienste extra bezahlen müssen, da ihr Chef kein Verständnis für unsere Lage zeigt.

Olga entwirft die eidesstattliche Erklärung auf dem Computer. Mit dem Taxi müssen wir durch die halbe Stadt fahren, wobei uns der Taxifahrer mächtig übers Ohr haut. Unsere Nerven liegen blank.

Wieder müssen wir eine neue KGB-Dienststelle von unserer Ehrlichkeit überzeugen. Olga legt die computergeschriebene Erklärung einem hochrangigen Beamten vor, der jedoch wenig beeindruckt ist. Er verlangt von Olga eine handschriftliche Erklärung. Das arme Mädchen hat Tränen in den Augen, der Beamte lässt sich aber nicht umstimmen. Sie muss also alles per Hand abschreiben. Welch ein Schwachsinn!

Wieder müssen wir vier Stunden Wartezeit in Kauf nehmen. Mittlerweile ist es so spät geworden, dass man uns bittet, am nächsten Tag wiederzukommen. Enttäuscht fahren wir zurück und verabreden uns für den nächsten Tag mit Olga im Büro.

Vor Hunger habe ich schon Magenkrämpfe. Nach dem Abendessen im Hotel ziehen wir uns abgeschlafft in unser Zimmer zurück. Wieder ein verlorener Tag.

10. Juli 1999

Die Morgensonne weckt uns recht früh. Es ist Samstag in Vladivostok. In Deutschland ist es noch Freitag. Bald werden die ersten Wochenmarktstände in Geestemünde aufgebaut. Wenn die ersten Kunden an den Verkaufsständen erscheinen, wird auch wieder über uns diskutiert. „Wo sie wohl stecken? Das ist doch nie mehr zu schaffen! Sie haben doch nur noch 38 Tage. Nur Verrückte lassen sich auf so ein Abenteuer ein"

Wir haben genug mit uns selbst zu tun. Die Verabredung mit Olga zerschlägt sich, da am Wochenende alle Büros geschlossen sind. Vielleicht erbarmt sich ja doch noch jemand, uns am 11. Juli ausreisen zu lassen.

Für mich ist es ein trauriger Tag. „Diftys" rechter Vorderreifen muss aus Sicher-heitsgründen gewechselt werden. Das Profil ist völlig abgefahren und wir können schon die Stahlummantelung erkennen. Außerdem beschlauchen wir zwei Reifen.

Um 15.30 ruft uns Andreas von Radio Bremen 3 im Hotel an. In einem Live-Inter-view schildern wir unsere verzweifelte Lage, als plötzlich die Verbindung abreißt. Wir sind wieder allein im 12.000 Kilometer entfernten Vladivostok. Demi und seine Frau Lena haben uns ins feudale Restaurant „Babylon" zum Abendessen eingeladen. Hier rollt der Rubel. Auch hier gibt es krasse Gegensätze zwischen arm und reich. Der Parkplatz ist mit überwiegend westlichen Wagen überfüllt. Bildhübsche Russinnen in Designerklamotten lassen den reichen Westen nicht vermissen. Das Essen ist ausge-zeichnet und schmackhaft.

Mit einer Stadtrundfahrt lassen wir den Abend ausklingen. Dabei lernen wir noch Vladivostok bei Nacht kennen. Die Stadt ist vergleichbar mit San Francisco. Im Hotel finden wir ein Fax von Heiko, unserem Entenschrauber, vor, der uns weiterhin „Gute Fahrt und viel Glück" wünscht.

11. Juli 1999

Heute ist Sonntag, der 43. Tag unserer Weltreise. Ein ganz besonderer Tag für uns. Wir wollen um 17.00 Uhr Vladivostok mit dem Schiff in Richtung Japan verlassen. Nach dem Frühstück verstauen wir unsere Sachen und werden mit „großem Bahn-hof" verabschiedet. Wir haben viele neue Freunde gewonnen. So manche Träne wird vergossen. Zum Abschied schenkt uns ein Russe ein Pferdehufeisen als Glücksbrin-ger und eine russische Reiseapotheke.

Um 10.00 Uhr haben wir einen neuen Termin bei den Zollbehörden. Als wir dort ankommen, geht der ganze Mist von vorne los. Ein Beamter inspiziert „Difty". Alle wichtigen Fahrzeugdaten werden mit den Zollpapieren verglichen. Wir erleben am eigenen Leib, wie überspitzter Bürokratismus einem Land und seinen Menschen keine Zukunft bietet. Die alten kommunistischen Seilschaften verhindern ein Durch-setzen der Perestroika. Es gibt z.Zt. kein Gegenmittel gegen diesen Virus.

Diese Stadt mit ihren wunderbaren Menschen war jahrzehntelang von der Welt isoliert. Kein Mensch, außer hoher Militärs, KGB-Vertreter oder Diplomaten, durfte die Stadt betreten oder gar verlassen. Als wichtiger Militärhafen unterlag alles der Geheimhaltung. Heute rosten die Errungenschaften moderner Kriegsführung vor sich hin und bilden mit ihren ungepflegten Atomaggregaten eine nicht zu unterschätzen-de Gefahr für die Menschheit. Eine Zeitbombe des Kalten Krieges.

Es wird Generationen dauern, bis sich vielleicht eine neue Denkweise in diesem Land durchsetzt. Die Ansätze sind da. Die Bereitschaft der Jugend ist erkennbar. Hel-fen wir mit, dass ein Erfolg daraus wird.

Zurück zu unserer geplanten Abreise. Ungeachtet der noch nicht genehmigten Zollpapiere lassen wir „Difty" aufs Schiff bringen. Es handelt sich um ein kombinier-tes Auto-Passagierschiff. Wir sind zuversichtlich und begeben uns zur Ausreisebehör-de. Mannis fehlendes Visum macht unsere Hoffnungen zunichte. Sie wollen ihn nicht ausreisen lassen. Man schlägt uns wieder vor, dass ich allein mit „Difty" nach Japan fahren soll. Manni hätte die Möglichkeit, mit der Transsib nach Deutschland auszureisen. Für uns unakzeptabel. Wir müssen versuchen, über den Behördenweg in Vladivostok ein Ersatzvisum zu beschaffen.

Unsere Stimmung ist auf dem Nullpunkt angekommen. Ein herber Rückschlag. Der Rest der Reise muss sofort neu geplant werden. „Difty" wird wieder entladen und wir fahren zum Hotel zurück, wo man uns erstaunt empfängt und mit Fragen überhäuft. Alle fühlen mit uns und versuchen, uns mit Wodka aufzumuntern.

Bis spät in die Nacht erstellen wir eine neue Reiseroute mit den uns verbleibenden Transportmöglichkeiten. Den Containertransport von Yokohama/Japan nach Los Angeles/USA für „Difty" können wir vergessen. Gemeinsam mit dem Wagen mit der Autofähre nach Japan überzusetzen, ist aus Zeitgründen nicht mehr möglich.

Das erste Mal kommt Korea als mögliches Sprungbrett nach Amerika ins Gespräch. Wann wir das Visum für Manni bekommen, lässt sich nicht abschätzen. Wir nehmen an, dass wir bis zum 50. Tag in Vladivostok festsitzen. Darauf bauen wir unsere Crash-Planung auf. Nur nicht aufgeben.

12. Juli 1999

Aus wirren Träumen erwacht, begeben wir uns um 10.00 Uhr zur Stadtverwaltung und bitten das Ausländeramt und den Oberbürgermeister um Mithilfe bei der Visum-Beschaffung. Vorsorglich lassen wir Passbilder machen. Man will uns helfen, wir sollen um 13.00 Uhr wiederkommen.

Pünktlich erscheinen wir mit all unseren Unterlagen auf dem Amt. Wir werden sehr höflich behandelt und in uns keimt neue Hoffnung auf. Alle Unterlagen werden mehrfach kopiert. Manni muss eine eidesstattliche Erklärung unterschreiben. Langsam füllt sich eine blaue Mappe durch den unnützen Papierkrieg. Zu viert gehen wir zur Immigration, wo wir untertänigst die Unterlagen vorlegen. Man verspricht uns, den Fall zu überprüfen.

Es ist schon der 46. Tag unserer Reise. Noch ist nichts verloren. Nur positives Denken und absoluter Zusammenhalt lässt uns nicht die Hoffnung verlieren. Um 16.00 Uhr sitzen wir wieder bei der Schiffsagentur „Fresco" im Büro und informieren uns über Schiffstransporte. Alle Auskünfte sind negativ. Wir müssen eine neue Agentur finden. Morgen sehen wir weiter.

13. Juli 1999

Ein neuer Tag bricht an und optimistisch wie immer planen wir unsere nächsten Stunden. Auf Empfehlung rufen wir ein Schifffahrtsbüro an. „Ocean Line" hätte auch in Hamburg auf einem Hinterhof am Fischmarkt liegen können.

Um 10.00 Uhr holt uns Alexander, ein Mitarbeiter, ab. Das Büro entpuppt sich als sudeliges dunkles Hinterhofzimmer in einer nicht gerade vertrauenserweckenden Gegend. Der weißhaarige Makler sieht aus wie eine Mischung aus Einstein und Karl Dall. Seine Sekretärin sitzt vor einer uralten Schreibmaschine und ist wenig motiviert.

Ein Faxgerät gibt es nicht. Wir legen unsere halbfertigen Verschiffungspapiere vor und das Unglück nimmt seinen Lauf. Mit Alexander fahre ich durch die ganze Stadt von einem zwielichtigen Büro zum nächsten. Es riecht nach Russen-Mafia und gefälschten Papieren. Treppauf treppab – reine Nervensache.

Die Papiere scheinen klar zu sein. Nun müssen wir uns nur noch das Schiff ansehen. Wir fahren in das riesige Hafengelände. Die Schiffe verrosten an der Pier. Unser Schiff heißt „Ocean" und entpuppt sich als schrottreifer Frachter, der nur durch Rost und Farbreste zusammengehalten wird. Man kann das Schiff auch als „Never-come-back-Liner" betiteln. Wie das Schiff, so der Kapitän und die Mannschaft. Eine filmreife Crew.

Das Schiff liegt mit dem Heck zur Pier und verfügt über keinerlei Ladegeschirr. Auf unsere Frage, wie wir „Difty" an Bord bekommen, reagieren die Meister der Improvisation überhaupt nicht. Wir haben schon ein flaues Gefühl im Magen. Das Schiff soll am 14. Juli nach Fujika/Japan auslaufen. Wir sollen uns heimlich beim Verladen an Bord schleichen. Uns ist schon alles egal, Hauptsache weg von der russischen Bürokratie.

Zurück im Büro wurden die letzten Einzelheiten besprochen und der Transportpreis mit 380 US-Dollar festgelegt. Man bringt uns zum Hotel zurück. Gegen Abend erhalten wir einen Anruf des Schiffsmaklers. Die Abreise verschiebt sich um einen Tag wegen eines Maschinenschadens. Wir lehnen dankend ab. Ich glaube, es ist eine weise Entscheidung. Somit stehen wir wieder ohne Schiff da. Morgen haben wir einen Termin im Schifffahrts-Maklerbüro „EMA". Schon wieder ein verlorener Tag.

14. Juli 1999

Das Wetter hat sich verschlechtert. Vom Hotelfenster ist die Stadt nicht mehr zu erkennen. Es herrscht dichter Nebel. Ich kenne den Londoner Nebel, Manni kennt den Nebel San Franciscos, in Bremerhaven kennt man den Küstennebel. In Vladivostok ist der Nebel so dick, dass man sich an die Hand nehmen muss, um sich nicht zu verlieren. Dabei ist es schwülwarm.

Um 10.00 Uhr erhalten wir die gute Nachricht, dass Mannis Ersatzvisum abholbereit im Büro des Oberbürgermeisters bereitliegt.

Um 14.00 Uhr kann Manni endlich das wichtige Dokument gegen Bezahlung von 100 US-Dollar in Empfang nehmen. Wir fahren sofort zum Schiffsmakler-Büro, wo uns Serge, unser Kontaktmann, zur Seite steht. Ein echter Glücksgriff, wie wir später feststellen. Wir legen unsere Papiere vor und planen zusammen mit Serge eine neue Reiseroute.

Gemeinsam mit „Difty" auf einer Autofähre müssen wir aus Zeitgründen ausschließen. Wir favorisieren folgenden Plan: Containertransport „Difty" von Vladivostok auf dem Seeweg nach Korea. Container umladen und Weitertransport nach Long Beach/USA. Wir wollen von Vladivostok nach Tokyo/Japan fliegen, unsere Dokumente besiegeln lassen und uns schnellstens mit dem Flugzeug in Richtung Los Angeles bewegen.

*Endlich:
Containerverladung
nach Pusan/Korean,
Manni nimmt
Abschied von „Difty".*

Serge wird unsere Planungsvorhaben überprüfen und uns morgen ein Ergebnis vorlegen.

15. Juli 1999

Wir haben einen Termin mit Serge um 12.00 Uhr im Büro vereinbart. Den Vormittag nutzen wir, um ausführliche Berichte an unser Team in Bremerhaven zu faxen. Einige glauben schon nicht mehr an unseren Erfolg. Wir sind immer noch voller Optimismus. Vladivostok wird langsam zu unserer zweiten Heimat. Die englischsprachige Zeitung „Vladivostok News" bringt unsere Story auf der Titelseite. Wir schicken eine Kopie und neues Bildmaterial nach Bremerhaven.

Im Maklerbüro erwartet uns eine neue Hiobsbotschaft. Der Schiffscontainer, der mit „Difty" am 17. Juli den Hafen in Richtung Pusan/Korea verlassen soll, soll erst am 22. Juli auf Reede von Pusan sein. Das wirft unsere Planung erneut über den Haufen. Wir kommen in eine kritische Lage.

Den Containertransport von Vladivostok nach Japan können wir vergessen. Uns bleibt nur folgende Möglichkeit: „Difty" mit Container-Seefracht von Vladivostok nach Pusan/Korea, Container-Überlandtransport von Pusan nach Seoul/Korea. Wir wollen von Vladivostok am 18.7. nach Nigata/Japan fliegen. Nach dem Besuch der Deutschen Botschaft und des Oberbürgermeisters von Tokyo werden wir nach Seoul fliegen, um „Difty" am Cargo-Flughafen in Empfang zu nehmen.

16. Juli 1999

Ein ungemütlicher Morgen in Vladivostok. Aus dem Hotelfenster ist die Stadt nur schemenhaft durch dicke Nebelschwaden zu erkennen. Heute soll „Difty" auf dem Containerterminal abgefertigt werden.

Wir fahren mit unserem Schiffsmakler Serge in das riesige Hafengelände, wo die Verladung in einem angemieteten Container erfolgen soll. Immer wieder müssen wir Polizei- und Zollkontrollen passieren. Der Papierkrieg nimmt kein Ende. Ohne die Hilfe von Serge wären wir überfordert.

Endlich haben wir mit „Difty" unseren Container erreicht. Der Nebel hat sich völlig aufgelöst. Es ist sehr warm geworden und der Schweiß läuft uns unter unseren Overalls am Rücken runter. Die Verzurrung im Container kann beginnen. Zwei Russen leisten ganze Arbeit. Die Räder werden mit dicken Balken gesichert, durch die die Arbeiter 20 cm lange Nägel mit wuchtigen Schlägen in den Hartholzboden des Containers treiben. Wer soll bloß diese Nägel wieder entfernen?

Nach vier Stunden sind die Arbeiten abgeschlossen. Das Containerschiff liegt unter Dampf an der Pier. Mit riesigen Container-Beladebrücken erfolgt die Verladung in die Ladeluken. Wir warten auf den Zoll, der noch einmal die Verladung begutachten muss und letztlich den Container mit einer amtlichen Plombe versiegelt. Jetzt kann nicht mehr passieren. – Haben wir gedacht.

Plötzlich hören wir Polizeisirenen. Zwei Mannschaftswagen mit Blaulicht rasen direkt auf uns zu und blockieren unseren Container. Acht Beamte mit zwei Spürhunden verlassen die Fahrzeuge. Von unserem Schiffsmakler erfahren wir, dass es sich um ein Kommando der Drogenfahndung handelt. Unsere Nerven liegen blank. Sie verlangen, dass „Difty" entladen wird.

Das gesamte Gepäck, alle mitgeführten Werkzeuge müssen handschriftlich aufgelistet werden. Währenddessen schnüffeln die auf Drogen spezialisierten Hund an „Difty" herum. Wir müssen die Reifenventile kurz öffnen. Fast zwei Stunden dauert das Theater.

Dann bekommen wir endlich das „OK", den Wagen zu beladen und der Container wird vom Zoll versiegelt. Wir atmen auf. Die Verladung erfolgt problemlos.

Das erste Mal müssen wir uns für mehrere Tage von „Difty" trennen. Ein unangenehmes Gefühl beschleicht uns. Wir fahren zurück in die Stadt. Der Tag war hart. Wir gehen früh schlafen.

17. Juli 1999

Wir planen unsere nächste Route. Von Vladivostok wollen wir mit dem Flugzeug nach Nigata, Japan, fliegen. Wir buchen bei Aero-Flot für den 18. Juli zwei Plätze. In Japan wollen wir mit dem Zug von Nigata nach Tokyo fahren.

Jetzt, wo die Abreise kurz bevorsteht, beschleicht uns ein ungutes Gefühl. Wir durften Gäste sein in einem riesigen Land mit einmaligen Menschen, wir haben eine Gastfreundschaft genossen, die seinesgleichen sucht. Wir werden immer mit Dankbarkeit erfüllt sein. Wir werden dazu beitragen, Vorurteile abzubauen und unsere guten Erfahrungen an andere weiterzugeben. Manni hat noch schnell einen Song geschrieben. Ein Ausschnitt lautet:

„Ich muss immer weinen vor Freude, wenn ich an dich denke, liebes Russland, wo ich Gast sein durfte."

Der Tag vergeht wie im Fluge. Um 20.00 Uhr haben wir eine Einladung ins Symphonieorchester. Die Musik noch in den Ohren essen wir zu Abend im feudalen Bahnhofsrestaurant. Morgen heißt es Abschied nehmen.

18. Juli 1999

Wir haben unruhig geschlafen. Um 15.50 geht unser Flug von Vladivostok nach Nigata, Japan. Bevor wir das Hotel räumen, wollen wir unsere „Bodyguards" zum Essen einladen. Es handelt sich um mehrere Bettelkinder, die sich jeden Tag auf dem Bahnhofsvorplatz sammeln.

Die Eltern, meistens Alkoholiker, haben sie einfach vergessen. Zerlumpt, ohne Schuhwerk, schlafen sie irgendwo im Nirgendwo. Während unseres Aufenthalts in Vladivostok werden diese Kinder unsere besten Freunde. An einem Imbissstand bekommt jeder eine handtellergroße, mit Fleisch gefüllte Teigtasche in die Hand gedrückt.

Mit leuchtenden Augen sitzen sie an unserem Tisch und geniessen diesen kleinen Luxus. Wir machen Erinnerungsfotos und umarmen uns zum Abschied. Kleine salzige Tränen benetzten unsere Gesichter. Auch wir können unsere Tränen nicht zurückhalten. Alle gehen mit zum Hotel und hängen wie Kletten an uns. Mit großem Bahnhof werden wir verabschiedet. Unser Freund Denim erscheint mit seinem Vater. Sie bringen uns zum Flughafen.

Bei der Passkontrolle bekommt Manni erneut Probleme mit dem Zoll. Auch diese Situation wird gemeistert. Endlich können wir das Flugzeug besteigen. Auf Wiedersehen Russland.

Nach kurzer Flugzeit landen wir auf dem Flughafen von Nigata, Japan. Unser erster Eindruck ist überwältigend. Sauberkeit wird großgeschrieben. Eine ganz neue Erfahrung für uns. Es gibt Toilettenpapier.

Mit dem Flughafenbus fahren wir zum Hauptbahnhof. Der Busfahrer trägt weiße Handschuhe und ist sehr höflich. Alle Ansagen im Bus werden auf japanisch und englisch über Lautsprecher durchgesagt. Wir wollen unbedingt noch heute mit dem Schnellzug nach Tokyo weiterfahren. Der Fahrpreis von 200 Dollar versetzt mir einen Schock.

In der Bahnhofshalle treffen wir zwei deutsche Bierbrauer, die hier arbeiten. Wir tauschen Adressen aus und wünschen uns eine gute Weiterfahrt. Wir nehmen unsere reservierten Plätze im Großraumwagen ein. Plötzlich geht die Tür auf und der Schaffner erscheint. Ganz in weiß gekleidet verbeugt er sich vor den Fahrgästen. Nachdem er die Fahrscheine kontrolliert hat, verbeugt er sich erneut und verlässt den Wagen. Höflichkeit pur. Wir fahren lautlos durch Japan.

Eine Stadt geht in die andere über. Vergleichbar mit dem Ruhrgebiet in Deutschland. Um 19.00 Uhr erreichen wir Tokyo. Der riesige Bahnhof gleicht einem Ameisenhaufen. Hier zu leben, scheint mir undenkbar. Alles ist sündhaft teuer. Hotels nicht unter 100 US$, Anfahrt 6 US$, Steak mit Beilage 35 US$.

DRUSCHBA – Freundschaft pur mit unseren russischen Bodyguards.

Da stehen wir nun auf dem Bahnhofsvorplatz mit Gitarre und viel Gepäck und wissen nicht, wohin. Manni versucht in einem Telefonbuch deutsche Restaurants ausfindig zu machen. Wir müssen unbedingt Kontakte knüpfen. Ein Hotel für die Nacht fehlt uns auch noch.

Nach langem Suchen findet Manni die Adresse vom „Wein-Café Keitel". Wir fahren direkt mit dem Taxi zu Hartmut Keitel. Herr Keitel empfängt uns sehr reserviert. Seine Ablehnung ist zu spüren. Nachdem wir unsere Geschichte erzählt hatten, taut er etwas auf. Wir bekommen zu essen und zu trinken.

Manni hat auf seiner ersten Tour ein halbes Jahr in Tokyo gelebt und im deutschen Restaurant „Bei Rudi" Musik gemacht. H. Keitel kann sich an Manni erinnern. Es wird noch ein recht lustiger Abend. Als Geschenk übergeben wir unseren Wimpel der Stadt Bremerhaven. Er besorgt uns ein Hotel und schenkt uns für die Nacht vier Flaschen deutsches Bier. Es wurde eine kurze, teure Nacht.

Unsere Planung für Morgen: Besuch der Deutschen Botschaft, Besuch des deutschen Restaurants „Pauke". Der alte Besitzer, Mannis Freund Rudi, ist leider an Krebs gestorben, aber seine Witwe, eine Japanerin, soll noch leben. Morgen wissen wir mehr.

19. Juli 1999

Wir nehmen Kontakt mit unserem Agenten in Korea auf. Mr. Byun teilt uns mit, dass der Container mit „Difty" am 22. Juli Pusan, Korea, erreichen soll. Die Frachtkosten belaufen sich auf 700 US$. Von Pusan soll der Container per Lkw nach Seoul, Kimpo Airport, transportiert werden.

Wir wollen am 20. Juli von Tokyo nach Seoul fliegen. Um 12.00 Uhr sind wir bei der Deutschen Botschaft in Tokyo angemeldet. Der zweite Sekretär, Stefan Biedermann, empfängt uns höflich und zuvorkommend. Unser Logbuch wird mit dem Botschaftsstempel versehen und wir müssen von unserer Reise berichten.

Der Nachmittag ist ausgefüllt mit logistischer Arbeit. „Difty" ist auf dem Weg nach Korea. Ohne Auto fühlen wir uns wie Touristen. Nur unsere Kleidung kennzeichnet uns noch als Weltenbummler.

Heute abend wollen wir das deutsche Restaurant „Pauke" aufsuchen. Manni glaubt, hier noch die alten Inhaber von seiner ersten Tour wiederzusehen. Ich kann seinen Optimismus nur bewundern.

Am Abend machen wir uns auf den Weg und finden tatsächlich Mannis alte Wirkungsstätte. Hier hatte er auf seiner ersten Tour mit Ernzi ein halbes Jahr Musik gemacht. Mit Gitarre und Gepäck beladen betreten wir zu später Stunde das mit Japanern überfüllte Lokal. Wir fallen sofort auf.

Auf der kleinen Bühne versucht eine japanische Band deutsches Liedgut den japanischen Gästen näherzubringen. Lieder wie „Sah ein Knab' ein Röslein stehen" und „Am Brunnen vor dem Tore" ließen uns eine Gänsehaut über den Körper ziehen.

Rudi, der deutsche Inhaber, war schon lange verstorben. Seine Witwe, eine alte Japanerin, erkennt Manni auf Anhieb wieder. Ich kann es nicht fassen. Wir werden in

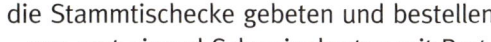

die Stammtischecke gebeten und bestellen uns erst einmal Schweinebraten mit Bratkartoffeln. An den Wänden hängen noch die rauchvergilbten Bilder und Erinnerungen von 1968. Damals sah Manni noch etwas jünger aus. Ich schaue in sein Gesicht, er kann die Tränen nicht unterdrücken.

Wir werden aus unseren Träumen gerissen, als die Band wieder ein fetziges Volkslied schmettert. Das Kufsteinlied zieht alle Gäste in seinen Bann. Uns stehen die Haare zu Berge. Kurz darauf macht die Band Pause. Diese Unterbrechung nutzen wir schamlos aus und stürmen die Bühne. Manni singt „Granada" und ganz Tokyo liegt ihm zu Füßen.

Eine japanische Mädchenklasse vom Goetheinstitut bekommt kostenlos Deutschunterricht. Wir lassen die japanischen Gäste mit einer Polonaise über Tische und Bänke marschieren. Keiner geht nach Hause und es wird eine unvergessliche Nacht. Getränke haben wir frei, aber der Schweinebraten reisst mit 22 US$ ein mächtiges Loch in unsere Reisekasse. Spät in der Nacht suchen wir uns ein preiswertes Hotel (80 US$). Im Zimmer, 3 x 3 m, ist es feuchtwarm und uns läuft das Wasser am Rücken runter.

Morgen heißt es Abschied nehmen von Tokyo. Wir wollen nach Seoul, Korea, fliegen. Flugtickets haben wir nicht. Wir hoffen wieder mal auf unser Glück.

20. Juli 1999

Nach einem spartanischen Frühstück fahren wir mit der S-Bahn zum Flughafen Narita. Wir wollen versuchen, auf „Stand-by" nach Seoul zu fliegen. Der Flughafen gleicht einem Bienenschwarm. Wir kämpfen uns durch Menschenmassen zum Buchungsschalter von Korea-Airlines. Wir haben Glück und buchen zwei Tickets auf dem Airbus A330 - 300 um 14.55 Uhr.

Bei der Landung in Seoul auf dem Flughafen Kimpo schlägt uns feuchte Hitze entgegen und raubt uns den Atem. Mit dem Bus fahren wir in die Innenstadt zum YMCA-Hotel.

Das muffige Doppelzimmer schlägt mit 52 US$ zu Buche. An die Landeswährung, den Wong, müssen wir uns erst gewöhnen. An der Wand im Hotelzimmer hängt ein dreimonatiger Klappkalender. Wir schauen mit Entsetzen auf die verbleibenden 28 Tage bis zum Eintreffen in Bremerhaven. Jeder von uns macht sich so seine eigenen Gedanken. Am 22.07.99 soll „Difty" in Seoul am Cargo-Airport eintreffen. Waren nicht alle Strapazen umsonst?

Den Wandkalender werden wir zur Erinnerung mitnehmen. Plötzlich klingelt das Telefon. Es ist meine Frau aus Deutschland. Eine große Überraschung. Ich habe mich

Das in Seoul typische Strassenbild.

sehr gefreut, nach langen Wochen eine Stimme aus der Heimat zu hören. Wir machen uns landfein, das nächtliche Seoul zu erkunden und sind froh, das feuchtheiße Zimmer verlassen zu können.

Seoul bei Nacht. Unser Hotel liegt direkt im Zentrum. Eingezwängt zwischen modernen Hochhäusern gibt es immer noch kleine Inseln des alten, ursprünglichen Seouls. Leider immer seltener. Die alten asiatischen Kulturen müssen dem modernen Fortschritt weichen.

Wir tauchen in ein Gewirr von schmalen Gassen, die teilweise nur zwei Meter breit sind und in denen das Leben pulsiert. Mini-Verkaufsläden und Lokale wechseln sich ab. Teilweise wird es so eng, dass man hintereinander gehen muss. Am Abend sieht alles besonders schön aus. Bunte Laternen, Leuchtreklamen und überall Musik. Alles wirkt sehr romantisch.

An einer „Spelunke" waren wir schon halb vorbeigegangen als Manni bemerkt, dass man uns per Handzeichen bat, einzutreten. Zuerst haben wir Bedenken. Dann treten wir durch einen Bambusvorhang in einen kleinen Raum. Eine fröhliche, leicht angesäuselte Männergesellschaft bittet uns Platz zu nehmen.

Die kleine Küche ist in den Raum integriert. Zwei schon etwas ältere Koreanerinnen bedienen uns. Nüsse, kleine Schüsseln mit eingelegtem Fisch, getrockneter Tintenfisch in Streifen geschnitten mit Mayonnaise werden uns serviert. Das Essen ist nicht so ganz unsere Richtung.

Schnell ist der Kontakt zu den anderen Gästen hergestellt. Als sie hören, dass wir aus Deutschland kommen, stehen wir sofort im Mittelpunkt. Die Koreaner sind sehr musikalisch. Ein 74jähriger trommelt wie besessen mit zwei Essstäbchen aus Stahl auf der Tischkante herum. Es muss eine alte koreanische Volksweise sein, denn sein für unsere Ohren außergewöhnlicher Gesang will kein Ende nehmen. Dabei fällt sein nicht ganz sitzfestes Gebiss immer rauf und runter.

Ein Koreaner stimmt das deutsche Lied „Bitte vergiss mein nicht" an. Das war das Zeichen für Manni, in einen Sängerwettstreit über Opernarien und Opernmelodien zu treten. Der Koreaner singt alle Arien mit. Zweistimmig, mit geschwollenen Halsadern und hochroten Köpfen, begleitet von dem Trommelstakkato des 74-jährigen Opas, herrscht Hochstimmung.

Aufgrund des hohen Geräuschpegels gehen einige Gäste. Wir rücken enger zusammen. Auch die betagten Koreanerinnen setzten sich zu uns. Es wird immer enger. Manni singt nach der Toska-Puchini-Melodie „Es blitzen die Sterne" den geänderten Text „Fass bloß die Frauen nicht an".

Manni erinnert sich nur zu gut an eine Geschichte seiner ersten Reise mit Ernzi Lührs in Korea 1967, wo er nach einem ähnlichen Abend im Gefängnis landete und ihn die amerikanische Militärpolizei auslösen musste. Ich halte mich zurück und bitte um die Rechnung. Die Einladung habe ich wohl falsch verstanden. Man hatte uns fürchterlich übers Ohr gehauen. Aus Schaden wird man klug.

Der koreanische Opernsänger lädt uns noch zu einem Drink in ein typisches koreanisches Restaurant ein. Er bestellt ein Kaltgetränk, dass wie Bowle aussieht. Es schmeckt wie „Ziegenpisse". Wir bemerken, dass er schwul ist und beschliessen, uns heimlich abzusetzen. Diesmal lassen wir ihn mit der Rechnung zurück. Ein aufregender Abend geht zuende.

Wir ziehen uns in unser feuchtwarmes Hotelzimmer zurück und nach kurzer Lagebesprechung für den nächsten Tag, schlafen wir übermüdet ein. Meine letzten Gedanken sind: Mein Gott, wir haben nur noch 28 Tage Zeit. Dabei fällt mein Blick auf den Wandkalender und vor Schreck fallen mir die Augen zu.

21. Juli 1999

Heute steht ein Besuch der Deutschen Botschaft von Seoul an. Am Vormittag teilt uns unser Agent telefonisch mit, dass „Difty" am 24.07.00 von Kimpo-Airport nach Los Angeles per Luftfracht transportiert werden soll. Für die Abwicklung ist ein Mr. Park in Seoul zuständig.

Er ist für die Erstellung der Zollpapiere und die Abwicklung am Flughafen zuständig. Im Nachhinein hört sich alles sehr einfach und logisch an. Die Wirklichkeit sieht aber anders aus. Nur mit viel Optimismus und Glück lassen sich die für uns fremden

Die deutsche Botschaft in Seoul.

Abläufe bewerkstelligen. Wir stehen ständig unter Hochspannung. Auch die unvorhergesehenen finanziellen Belastungen machen uns schwer zu schaffen. Nur im gegenseitigen Verständnis untereinander gab es nie Probleme. Im Gegenteil, je verzwickter die Lage, desto mehr schweißte es uns zusammen. Immer wieder wurden wir gefragt: „Mensch, ihr müsst euch doch mal gestritten haben?" – haben wir nicht. Das wäre das Ende der Reise gewesen.

Auf der Deutschen Botschaft empfängt man uns höflich und zuvorkommend. Wir übergeben unseren Wimpel mit den besten Grüßen unserer Heimatstadt und erhalten die für uns so wichtigen Stempel in unser Logbuch.

Langsam müssen wir uns um unseren Flug nach Los Angeles kümmern. Wir nehmen Verbindung mit verschiedenen Reisebüros auf. Aufgrund von Feiertagen und Ferienzeiten sind alle Flüge in die USA ausgebucht oder unbezahlbar. Auf dem Rückweg von der Deutschen Botschaft kommen wir an einem Bürohaus vorbei, in dem mehrere internationale Fluggesellschaften ihre Büros haben. Unter anderem auch Singapore Airlines. Manni hat wieder eine gute Idee. Wir betreten das Buchungsbüro in unseren unverkennbaren Kampfanzügen. Auch hier ist eine Buchung negativ. „Alle Flugzeuge ausgebucht" heißt es.

Wir geben nicht auf und bitten um eine Unterhaltung mit dem Manager der Buchungsabteilung. Wir bringen Mannis Freund seiner ersten Weltreise, Ernzi Lührs, ins Spiel. Dieser ist mittlerweile zum Generalvertreter von Singapore-Air in Südamerika avanciert. Das zeigt Wirkung bei dem Koreaner. Er kann uns zwar keinen Freiflug in Aussicht stellen, verspricht aber, einen Flug nach San Francisco zu einem günstigen Preis. Wir sind wieder einmal gerettet.

Der einzige Nachteil dabei ist, dass wir per Leihwagen von San Francisco nach L.A. fahren müssen. Wieder einmal ungeplante Mehrkosten. Wir lassen noch schnell Bilder entwickeln, schreiben unsere Berichte für das Bremerhavener „Sonntagsjournal" und kaufen neue Filme. Per Fax übermitteln wir unsere Erlebnisse an George, unseren Tourmanager, nach Deutschland.

Den Abend haben wir verplant, um den Rotlichtbezirk von Seoul zu erkunden. Wir erleben einen schweren Reinfall. In kleinen, engen Gassen bieten die Damen ihre Liebesdienste an. Wir werden sehr unfreundlich behandelt. So etwas ist uns noch nie passiert, offener Hass schlägt uns entgegen. Wir ziehen uns ins Hotel zurück. Der Tag war einigermaßen erfolgreich.

22. Juli 1999

Heute ist ein ganz besonderer Tag für uns. „Difty" soll mit dem Containerschiff in Pusan ankommen. Mit dem Lkw soll der Container zum Cargo-Airport Kimpo transportiert werden.

Um 11.30 Uhr werden wir von Mr. Park von der Oram Shipping Co. Ltd. abgeholt. Mr. Lee, Management Director, empfängt uns. Miss Sho fungiert als Dolmetscherin. Einen genauen Transporttermin für „Difty" von Seoul nach L.A. kann uns Mr. Lee noch nicht nennen. Er steht noch in Verhandlung mit dem Airport, Korea Airlines.

Wir werden erst einmal zum Essen eingeladen. Draussen regnet es in Strömen, über Seoul braut sich ein Unwetter zusammen. Das hat uns gerade noch gefehlt. Auf dem Weg zum Restaurant sind wir völlig durchnässt. Das Wetter hat sich rapide verschlechtert.

Einige Geschäftsleute vernageln ihre Fenster mit Brettern. Ein Taifun ist im Anzug. Wir machen uns Sorgen um „Difty". Ist er noch auf See oder im Container auf der Landstraße? Nach dem Essen verabschieden wir uns von Mr. Lee. Heute gibt es nichts mehr zu tun. Morgen sollen wir weitere Informationen erhalten. Draussen tobt das Unwetter mit steigender Stärke weiter.

Die Stadt ist wie gelähmt. Wir wollen versuchen, mit der U-Bahn zum Hotel zu fahren. Unmöglich – die U-Bahn-Schächte und Bahnhöfe stehen teilweise schon unter Wasser. Feuerwehr und freiwillige Hilfskräfte geben ihr Bestes. Sie stehen den Naturgewalten machtlos gegenüber.

Uns bleibt keine Wahl, wir müssen im Restaurant das Unwetter abwarten. Gegen Abend lässt der Sturm etwas nach und wir kämpfen uns zu Fuß zu unserem Hotel durch. Erstmal duschen und raus aus den nassen Klamotten.

Wir wollen noch einmal in unsere „Spelunke" zurück. Als wir dort eintreffen, ist das Lokal schon gut gefüllt. Wir bestellen uns erst einmal das Nationalgetränk „Jingo", eine Art Reisschnaps. Die beiden älteren Damen machen sich in der kleinen Küche zu schaffen. In einem Korb bemerke ich deutsche Kartoffeln. „Jetzt eine große Pfanne Schmorkartoffeln mit Zwiebeln und Schinken" sage ich zu Manni. Uns läuft das Wasser im Mund zusammen bei dem Gedanken. Wir setzen den Gedanken auch gleich in die Tat um.

Das Rezept kenne ich noch von meiner Mutter. Kartoffeln sind schnell geschält und in Scheiben geschnitten. Die im Tisch eingelassene Bratpfanne wird angeheizt und schon bald brutzeln die Kartoffeln in der Pfanne und verbreiten einen für alle Gäste wahrnehmbaren Duft im Lokal.

Alle rücken näher zusammen, um unser Kartoffelgericht zu probieren. Dazu trinken wir mehrere Flaschen „Jingo". Der Sturm ist mittlerweile völlig zum Erliegen gekommen. Die Rechnung versetzt uns einen Schock. Ich wusste gar nicht, wie teuer Kartoffeln sein können. Egal, wir haben mit dem Essen ein wenig Heimatluft geschnuppert.

Zufrieden verlassen wir die „Spelunke" und lassen uns im Strom der Koreaner durch die schmalen Gassen zum Hotel treiben.

Nur noch 25 Tage haben wir zur Verfügung, um von Korea quer durch die USA, Schottland, Nordirland, Irische Republik, England, Frankreich, Belgien, Holland nach Bremerhaven zu kommen. Wenn es denn so sein soll, können wir es noch schaffen. Morgen ist auch noch ein Tag. Gute Nacht Manni.

23. Juli 1999
Wir haben lange geschlafen. Von der Oram Shipping Co. Ltd. erreicht uns eine Nachricht per Fax, dass „Difty" spätestens am 27.07.99 mit Cargo, Korea Airlines, in

L.A. eintreffen soll. Das bedeutet für uns, dass unser Auto aus Zeitgründen von New York nach Europa geflogen werden muss.

Über Geld reden wir schon gar nicht mehr. Die Frachtkosten werden sich auf ca. 6.200 US$ belaufen. Die vor dem Start der Reise kalkulierten 30.000 DM reichen schon lange nicht mehr aus. Wir werden wohl mit 50.000 DM rechnen müssen.

Manni sieht da keine Probleme, er hat nur eines vor Augen: Das einmal gesteckte Ziel zu erreichen. Die Heimat wartet sehnsüchtig auf neue Nachrichten von uns, die wir noch heute an George per Fax nach Bremerhaven verschicken müssen.

Wir sitzen vor einem Bankgebäude in der Innenstadt von Seoul unweit von unserem Hotel YMCA und lassen das koreanische Leben an uns vorbeischlurfen. Es ist 17.00 Uhr und noch immer sind 30° mit hoher Luftfeuchtigkeit. Von den gestrigen Sturmschäden ist kaum noch etwas zu bemerken.

Das Atmen fällt uns schwer und wir sind in kurzer Zeit völlig durchgeschwitzt. Alles ist sauber und gepflegt.

Fast alle Koreaner tragen ein Mini-Handy an einer Schnur um den Hals, und stehen damit über eine Ohrmuschel ständig in Rufbereitschaft, oder sie hören Musik über ihr Handy, wenn sie nicht gerade telefonieren. Dort herrscht eine drangvolle Enge. Lärmende Spielhallen, die ständig von jungen Leuten belegt sind, säumen die Straße.

Der neueste Schrei der Techno-Spiele sind Tanz-Pads. Sie springen wie die Wilden auf den von unten beleuchteten Glasplatten zur Discomusik herum und versuchen, die im Rhythmus aufleuchtenden Felder mit den Füßen zu treffen. Eine moderne Techno-Tanzschule ohne Abtanzball.

Unsere Buchung mit Singapore Airlines nach San Francisco wird am späten Nachmittag bestätigt. „Difty" soll am 24.07.99 mit dem Containerfahrzeug auf dem Cargo Airport von Seoul (Kimpo) eintreffen.

Morgen früh werden wir uns persönlich um das Verladen kümmern. Den genauen Abflugplan haben wir auch schon von Oram Shipping Co. Ltd. per Fax übermittelt bekommen.

Flight No. K 207
25-07-99 20.30 Uhr ab Seoul
25-07-99 20.00 Uhr an Los Angeles

Durch das Überfliegen der Datumsgrenze sparen wir einen Tag ein. Natürlich nur theoretisch. Irgendwann holt uns die Zeit beim Rückweg wieder ein. Ein erfolgreicher Tag geht zuende.

24. Juli 1999

Nach dem Frühstück fahren wir mit dem Bus zum Flughafen „Kimpo". Wir haben uns wieder verkleidet und versuchen, in unseren Rennoveralls Eindruck zu schinden. Der Bus kommt gar nicht erst bis zum Flughafen – Motorschaden.

Der Tag fängt ja gut an. Der Ersatzbus bringt uns zum Cargo-Terminal. Die Abfertigungshalle ist ca. 400 m lang. Während an den 100 Laderampen unaufhörlich die

Lkw's mit ihrer Fracht anrollen, die von tausenden von jungen Leuten entladen werden, werden auf der anderen Seite der Halle die Frachtflugzeuge beladen. Eine logistische Meisterleistung.

Ankunft von „Difty" am Kimpo Airport, Korea.

Es herrscht eine unvorstellbare Hektik. Die Containerfahrzeuge stauen sich in langen Warteschlangen vor den Rampen. Irgendwann muss auch „Difty" auftauchen. Es ist sehr warm und feucht. Uns läuft das Wasser am Körper herunter. Zudem kommt noch die Anspannung und das Warten auf „Difty".

Plötzlich sehen wir einen Hyundai-Container auf einem Lkw. Aufatmen – es ist „Difty".

Die obere Etage der Verladehalle ist angefüllt mit Kleinbüros weltweiter Agenturen. Es herrscht eine drangvolle Enge in den Büros. Der Papierkrieg dauert Stunden und raubt uns den letzten Nerv. Manni bekommt eine Einfahrgenehmigung, um „Difty" nach der Entladung durch die Versandhalle fahren zu dürfen. Unsere Ausfuhrpapiere sind endlich fertig. Bezahlen müssen wir Cash in L.A..

Allein für den Container-Transport von Vladivostok nach Pusan, Korea, haben wir 1221 US$ hinblättern müssen. Der Landtransport von Pusan nach Seoul schlägt mit 380 US$ zu Buche.

„Difty" steht mit dem Container mittlerweile an der Entladestation. Als wir den Container öffnen, staunen die Koreaner über das seltsame Fahrzeug. Unversehrt lacht uns „Difty" entgegen. Die Russen haben bei der Verzurrung ganze Arbeit geleistet. Mit Brecheisen und Vorschlaghammer stehen die schwachen Transportarbeiter auf verlorenem Posten. Es dauert fast eine Stunde, um „Difty" zu entladen.

Der Wagen wird über eine Entladerampe in die Halle gerollt. Jeder will das Auto sehen. Manni setzt sich ans Steuer und startet den Motor. Zwei Umdrehungen und die kleine Maschine blubbert vor sich hin. Für den Lufttransport sollen wir die Batterie ausbauen und das Benzin abpumpen. Die Sicherheitsvorschriften müssen eingehalten werden. Wir denken nicht im Traum daran, unser kostbares Benzin zu verschenken. Beide Tanks waren randvoll. „Difty" verfügt über eine Vorkehrung, mit der man alle Wagenfunktionen lahmlegen kann. Die Koreaner lassen sich täuschen.

Manni fährt „Difty" durch die riesige Halle auf eine Verladepalette. Das Verzurren mit speziellem Verladegeschirr kann beginnen. Manni liegt auf dem Rücken unter dem Wagen, um die Bremsleitungen zu schützen. Er ist nicht zu beneiden bei der Hitze.

Ölverschmiert kriecht er unter dem Wagen hervor und ist völlig fertig. Gegen Abend ist endlich alles geregelt. Wir können nichts mehr tun. Wir wünschen „Difty" einen guten Flug und fahren zurück zum Hotel.

Für heute haben wir die Nase gestrichen voll und keine Lust mehr, unser Hotelzimmer zu verlassen. In unserem Gepäck finde ich noch eine Flasche Wodka. Wir diskutieren noch bis spät in die Nacht. Dann fordert der geschwächte Körper seinen Schlaf. Wir können wenigstens ausschlafen, denn unser Flug geht erst um 19.15 nach San Francisco.

25. Juli 1999
Nach dem Frühstück fahren wir um 13.00 Uhr mit unserem gesamten Gepäck zum Flughafen Kimpo. Vorher haben wir noch schnell ein Fax an unser Pressebüro geschickt. Unser Flug um 19.15 Uhr ist bestätigt. Wir checken ein und starten pünktlich mit einem neuen Airbus A 340-300.

Die Passagiere sind überwiegend Pakistani und Inder. Die Verpflegung ist dementsprechend ungewohnt. Die Stewardess überrascht uns als VIP-Gäste mit einer Flasche Champagner. Um 15.00 Uhr Ortszeit landen wir nach einem ruhigen Flug in San Francisco/USA.

Nach Erledigung der Reiseformalitäten buchen wir umgehend einen Leihwagen. Wir wollen sofort nach Los Angeles über die Küstenstraße fahren. 440 Meilen liegen vor uns. Es herrscht teilweise starker Nebel. Wir fahren in Abschnitten in einem für uns ungewohnten Fahrzeug. Immer wenn uns die Müdigkeit übermannt, halten wir an und schlafen, bis wir wieder fit sind. So vergeht die Nacht und ein neuer Tag bricht an.

26. Juli 1999
Am frühen Morgen erreichen wir L.A.. Wir sind völlig übermüdet und sehnen uns nach einer Dusche. Manni steuert Santa Monica an. Hier hat Manni während seiner ersten Reise drei Jahre bei der Firma „Alpine Carpet One" gearbeitet.

Der deutsche Inhaber Klaus und sein Bruder Peter aus Harburg haben aus kleinen Anfängen ein ansehnliches Vermögen erwirtschaftet. Aus dem kleinen Laden ist ein mittelgroßer Betrieb entstanden, der mit Auslegeware, Fliesen und Parkett einen festen Kundenkreis bedient.

Es ist 5.00 Uhr morgens, als wir den Firmenparkplatz ansteuern und völlig übermüdet einschlafen. Klaus, der Inhaber, findet uns gegen 8.00 Uhr schlafend im

Wagen. Er hat zuerst gedacht wir wären Rumtreiber. Er erkennt Manni und ist völlig überrascht, da er natürlich keine Ahnung hatte, dass wir kommen. Er ist total begeistert von unserer Tour. Sein Büro verfügt über eine Dusche und wir können uns frischmachen.

Nach und nach tauchen die Angestellten und Arbeiter auf. Es hat sich schnell rumgesprochen, woher wir kommen, und unsere erbrachten Leistungen versetzen alle in Erstaunen. Es arbeiten noch mehrere Deutsche im Betrieb. Jetzt noch ein anständiges Frühstück und wir sind wieder obenauf. Dass uns nur noch 28 Tage bis zur erfolgreichen Beendigung unserer Weltreise zur Verfügung stehen, wollen wir bei der ganzen Euphorie nicht vergessen.

Meine Neuplanung baue ich von hinten auf. Das Ziel ist der 18. August 99 um 17.00 Uhr in Bremerhaven. Immer wieder versuche ich, die noch verbleibende Strecke mit der noch zur Verfügung stehenden Zeit zu verknüpfen.

„Wenn" und „Aber" haben bei der Planung keine Chancen. Nur reine Zahlen werden planerisch verarbeitet. Noch ist „Difty" nicht da. Noch haben wir keine konkreten Vorstellungen, wie wir von New York nach Europa kommen. Jetzt erst einmal den Kopf freimachen. Wir sind in guten Händen und bei guten Freunden. Das wollen wir genießen.

Am späten Nachmittag soll „Difty" in L.A. mit Korea Airlines landen. Wir vereinbaren mit dem Zoll, uns sofort zu benachrichtigen. Übernachten sollen wir bei Klaus. Gegen Abend fahren wir in eines der vornehmsten Wohngebiete in den Bergen von Santa Monica (Pacific Palisades). Hier wohnen nur Millionäre, die sich streng bewachte Traumvillen mit Hanglage gebaut haben. Auch Klaus und seine Frau Jennifer, eine Taiwanesin, haben sich eine Traumvilla gekauft.

Schon beim Betreten der Eingangshalle schlägt uns der pure Luxus entgegen. Goldverzierte Säulen, kostbare Bilder, im Hintergrund ein weißer Flügel. Die großen Panoramafenster geben den Blick frei auf eine herrliche Gartenanlage mit Schwimmbad und Tennisplatz (mit Flutlicht versteht sich).

Jeder von uns erhält sein eigenes Zimmer mit Marmorbad. Nach dem Abendessen sitzen wir noch lange zusammen und Manni erzählt aus alten Zeiten, während Jennifer uns mit einem Klavierkonzert erfreut. Langsam macht sich die vergangene Nacht bei uns bemerkbar. Weiße Seidenbettwäsche umhüllt unsere gestressten Körper als wir in einen todähnlichen Schlaf fallen.

Wertvolle Menschen haben mich, ohne mich zu kennen, in ihr Haus eingeladen. Ich bin dankbar.

27. Juli 1999
Die strahlende Sonne, die über den Bergen von Santa Monica aufgeht, holt uns in die Wirklichkeit zurück. Nach einem reichhaltigen Frühstück fahren wir mit Klaus in die Firma.

„Difty" ist gestern noch auf dem Cargo-Airport sicher gelandet. Heute müssen wir unser Auto unbedingt zolltechnisch abwickeln. Die Zollabteilung von Alpine-Carpet-

Luxus pur in Los Angeles; unser Domizil für vier Tage.

115

One will uns dabei behilflich sein. Am Vormittag erhalten wir eine niederschmetternde Hiobsbotschaft vom amerikanischen Zoll. Die Bürokratie hat uns mal wieder eingeholt. Aus zolltechnischen Gründen wäre mit einer Freigabe von „Difty" nicht vor Freitag, dem 30.07.99 zu rechnen.

Wir bilden sofort einen Krisenstab. Der für uns zuständige Custom-Broker vom amerikanischen Zoll lässt uns die Zolleinfuhrpapiere zukommen. Endlose Fragen sind zu beantworten. Fragen wie „Was kostet der Wagen, wo gebaut, wer gebaut?" sind genauestens zu beantworten.

Erschwerend für uns kommt hinzu, dass wir bei der Beschaffung der Unterlagen auf die Mithilfe von Citroën-Deutschland angewiesen sind. Die neunstündige Zeitverschiebung erschwert unsere Aktionen. Ohne die Mithilfe einiger Angestellter der Firma wären wir hoffnungslos überfordert.

Wenn wir „Difty" erst am 30.07. freibekommen, hat das entscheidende Konsequenzen für unseren weiteren Reiseverlauf. Da uns dann nur noch 18 Tage verbleiben, muss die Planung völlig überarbeitet werden. Wir haben drei wichtige Ziele vor Augen:

1. South Lake Tahoe. Hier will Manni seine Tochter aus erster Ehe nach vielen Jahren das erstemal wiedertreffen.

2. Die weltbekannte Feuerzeugfirma „Zippo" in Bradford am Eriesee hat uns eingeladen.

3. New York, Kennedy-Airport, muss termingerecht erreicht werden, um den Cargo-Transport per Flugzeug nach Europa abzuwickeln.

Noch haben wir keinen Transporteur gefunden. Der kostengünstiger geplante Containertransport auf dem Seeweg ist damit geplatzt. Fragen über Fragen beschäftigen uns und die Stunden zerrinnen uns zwischen den Fingern.

Den Abend verbringen wir mit Tennisspielen und Musik. Jeder macht sich so seine eigenen Gedanken vor dem Schlafengehen. Nur Klaus stört sich überhaupt nicht an unserer Lage, er singt lauthals deutsche Volkslieder und freut sich, dass wir bei ihm sind.

28. Juli 1999

Ich erwache aus einem Albtraum: Wir fahren auf einer sechsspurigen Autobahn durch Amerika. Links und rechts der Straße stehen riesengroße Bahnhofsuhren mit Datumsanzeige. Die Uhrzeiger bewegen sich rasend schnell, während das Datum, der 18. August, unverändert auf allen Zifferblättern angezeigt wird. Plötzlich bewegt sich „Difty" rückwärts. – Ich erwache schweißgebadet. Sofort hat mich die Wirklichkeit wieder eingeholt.

Nur noch 20 Tage bis Bremerhaven. Man muss schon ein sehr großer Optimist sein, um noch an einen Erfolg zu glauben. In der Firma angekommen, stürzen wir uns erneut auf die noch unvollständigen Zollpapiere. Manni scheut sich nicht, trotz der späten Nachtstunde das Autohaus Citroën Fischer anzurufen. Er hat Erfolg und mit der Hilfe von Andrea, Mannis Lebensgefährtin, gelingt es, die für uns entscheidenden

Daten aus der Lebenslaufakte von „Difty" per Fax nach L.A. zu übermitteln. Wir sind im Dauerstress. Das „Sonntagsjournal" wartet auch schon wieder sehnsüchtig auf neue Stories. Der Tag vergeht wie im Fluge. Nennenswerte Erfolge sind nicht zu verzeichnen.

29. Juli 1999

Unser Gastgeber Klaus ist mit seiner Tochter nach Deutschland geflogen, wir dürfen aber in seinem Haus wohnen. Um beim Zoll optisch noch einmal Druck zu machen, haben wir unsere Rennanzüge angezogen. Vielleicht zeigt es ja Wirkung bei Korea Airlines.

Als wir dort auftauchen, fallen wir sofort auf. Wir erreichen mit unserem Auftritt genau das Gegenteil. Höflich aber unmissverständlich macht man uns klar, das Gelände unverzüglich zu verlassen.

Wir fahren erfolglos zur Firma zurück. Die Unterlagen aus Deutschland liegen mittlerweile vor. Manni setzt ein Schreiben an den Zoll auf und schildert noch einmal detailliert unsere Situation – erfolglos. Keine Reaktion. Erst Morgen stellt man uns „Difty" in Aussicht. Es ist zum Verzweifeln. Nur nicht die Nerven verlieren. Noch ein letztes Mal übernachten wir bei Klaus. Morgen fällt die endgültige Entscheidung. Spannungsgeladen legen wir uns zur Ruhe.

30. Juli 1999

Den ganzen Morgen verbringen wir damit, eine Luftlinie ausfindig zu machen, die „Difty" von New York nach Europa transportieren kann. Wir telefonieren uns die Finger wund.

World Wide Moving L.A. / American Export Lines
Autotransporte Ted Rausch Co. / European Travel International

Alle Auskünfte negativ. Es ist zum Verzweifeln. Es ist schon wieder 15.00 Uhr und „Difty" ist immer noch in der bürokratischen Zollmühle. Der Countdown läuft. Sollten wir unser Auto heute nicht bekommen, wären die Auswirkungen katastrophal. Am Wochende arbeitet die Zollabfertigung nicht. Vor Montag hätten wir keinen Zugriff auf „Difty". Uns blieben dann nur noch 15 Tage Zeit. Die Reise wäre dann endgültig geplatzt.

Um 17.00 Uhr kommt der alles erlösende Anruf von Korea Airlines, wir können den Wagen abholen. Wir fahren sofort zum Airport und nach einigen Unterschriften können wir „Difty" in Empfang nehmen.

Unverzüglich fahren wir zu unserer Unterkunft und holen unser Gepäck. Um 20.45 Uhr verlassen wir L.A.. Begleitet von den besten Wünschen unserer Gastgeberin Jennifer. Wertvolle Menschen haben uns geholfen, unseren Traum zu verwirklichen. Wir werden es nie vergessen.

Die Straße hat uns wieder. Unser nächstes Ziel ist Lake Tahoe. Wir reihen uns ein in die bunte Lichterschlange der mehrspurigen Autobahn. Mit 25 PS erklimmen wir im 2. Gang die Ausläufer der Rocky Mountains. Wir kennen keine Müdigkeit.

Peter Friederici
und „Matterhorn"
besiegeln den
Kaufvertrag.

Noch 18 Tage haben wir bis zum Ziel. Es ist noch erreichbar. Wir fahren bis zum 31.07, 2.30 Uhr, dann übermannt uns doch die Müdigkeit und wir übernachten auf einem Hochplateau. Manni schläft auf dem blanken Asphalt im Schlafsack und ich mache es mir im Wagen „bequem". Traumlos schlafe ich ein.

31. Juli 1999
Um 6.00 Uhr ist für uns die kurze Nacht vorbei. Nach leichten Lockerungsübungen fahren wir mit leerem Magen weiter. Mir ist ganz schlecht vor Hunger. Endlich finden wir ein Frühstückslokal. Bei „Dennys" gibt es sogar Seniorennachlass.

Eine unbeschreiblich schöne Landschaft entschädigt uns für alle Strapazen. Unser Höhenmesser zeigt 2000 m ü.N., als wir am Nachmittag South Lake Tahoe erreichen. Hier arbeitet und lebt der Bruder von Klaus aus L.A., Peter. Er lädt uns herzlich in sein Haus ein. Seine Frau Margret, eine Österreicherin, serviert uns eine deftige Brotzeit.

South Lake Tahoe ist ein zwischen den Bergen liegendes, landschaftlich einmaliges Kleinod. Wintersport und alle erdenklichen Sommeraktivitäten machen den Ort zu einem touristischen Geheimtip.

Wie durch Zufall liegt direkt im Stadtkern das „Matterhorn"-Motel. Symbolisch kaufe ich das Anwesen. Wir machen Fotos und schicken die Bilder an George nach Bremerhaven. Der macht daraus eine Story fürs „Sonntagsjournal". Der Tag endet mit einer Gartenparty bei Peters Sohn Paul. Wir sind in guten Händen.

1. August 1999

Noch 16 Tage bleiben uns bis Bremerhaven. „Nur keine Panik, wir können es noch schaffen" meint Manni. Nach dem Frühstück machen wir eine Rundfahrt durch die herrliche Gegend. Der Lake Cascade beeindruckt uns durch seine grüne Wasseroberfläche, während der Lake Tahoe dunkelblau in der strahlenden Sonne leuchtet. Nach einer nicht endenden Bergwanderung fahren wir am späten Nachmittag nach South Lake Tahoe zurück.

Peter und Margreth haben eine große Party für uns vorbereitet. „Difty" wird in den Garten gefahren und von allen Seiten bestaunt und fotografiert. Mannis Ex-Frau Carol und ihre gemeinsame Tochter Mandy, eine erwachsene junge Dame, sind als Gäste eingeladen. Es gibt ein herzliches Wiedersehen nach zwölf Jahren.

Mannis alte Feldflasche, die immer noch mit Wodka gefüllt ist, macht die Runde unter den Gästen. Das Zeug ist ungeniessbar, zeigt aber schnell seine Wirkung. Manni stimmt seine Gitarre an und schon ist die Party am laufen. Es wird eine lange, fröhliche Nacht.

Morgen heißt es Abschied nehmen von neugewonnenen Freunden. Noch eine Nacht im Bett. Neue Abenteuer warten auf uns.

2. August 1999

Bevor wir uns in South Lake Tahoe von unseren Gastgebern verabschieden, müssen wir noch ein Zeitungsinterview bei der „Tahoe Mountain News" geben. Für Amerika leiht uns Peter ein Mobiltelefon. Wir wollen es von New York zurücksenden. Vollgetankt mit großem Optimismus verlassen wir um 11.00 Uhr South Lake Tahoe.

Wir fahren Richtung Reno, dem Spielerparadies, durchqueren Carson City (Hauptstadt von Nevada), den Geburtsort von Daniel, Mannis Sohn und bewegen uns auf der Interstate 80 auf Salt Lake City zu. Die Interstate 80 verläuft quer über den Kontinent bis nach New York. Über 5000 Kilometer liegen vor uns.

Die Aufholjagd kann beginnen. Manni verschmilzt mit „Difty". Wir haben ständig 45° - 60° Celsius im Wagen. Die Landschaft ist nur spärlich bewachsen, die Berggipfel sind kahl und ohne Leben. Teilweise fahren wir durch Salzwüsten.

Unsere Lippen sind von dem Salzstaub aufgesprungen und spröde. Wir trinken literweise Cola und Sprite. Unser Höhenmesser zeigt 1500 m ü.N. Immer wieder langgestreckte Steigungen, die „Difty" im 2. Gang meistert. Mannis Hände kleben am Lenkrad. Wir sind noch in Nevada.

In der Ferne erblicken wir immer wieder Staubtwister. Die Luft flimmert und es geht uns nicht besonders gut. Unsere Socken trocknen wir, indem wir sie einfach über die Außenspiel stülpen und im Fahrtwind flattern lassen. Wieder erblicke ich einen Twister, der schon beunruhigend groß ist. Manni kümmert sich nicht um solche Naturgewalten. Er hat nur den Highway im Auge.

Plötzlich bewegen sich unsere Socken an den Spiegeln gen Himmel. Das kann nur die typische Thermik sein, die in einem Twister entsteht. Manni bemerkt auch Veränderungen am Wagen. Die Lenkung wird instabil und die Reifen verlieren an Bodenhaftung. Die Ursache ist schnell erkannt. Hinter uns bewegt sich ein kleiner Twister und hebt uns in Intervallen von der Straße. Alles geht blitzschnell und ehe wir noch lange über dieses Phänomen nachdenken können, ist der Spuk vorbei und der Wagen lässt sich wieder ruhig steuern. Das hätte böse ins Auge gehen können. Glück gehabt, in der Ferne sehen wir nur noch eine rotierende Staubwolke verschwinden.

Langsam versinkt die Sonne am Horizont und es wird kühler. Manni kennt keine Pause, er will heute unbedingt 1000 km schaffen. Eine Wahnsinnstat. Straßenprobleme wie in Russland gibt es hier nicht. Vor uns liegt ein langgestrecktes Tal, das Pumpernickel Valley, 1400 Meter ü.N.

Die Motortemperatur liegt konstant bei 95° C. Das bringt warme Füße für die Nacht. Um 22.00 Uhr überfahren wir bei der Stadt Wedover die Staatsgrenze von Nevada nach Utah. Letzte Gelegenheit, sein Geld beim Glücksspiel zu verlieren. Wir haben keine Zeit dazu, unser Ziel ist, Bremerhaven am 18. August um 17.00 Uhr zu erreichen.

Kurz vor Mitternacht wird die Straße zu einer riesigen Baustelle. Einspurig verläuft der Verkehr über 100 Kilometer. Die Straßenmarkierungen sind lebensgefährlich. Sie bestehen aus 1-m-hohen rot-weißen Plastiktonnen, die von vorbeirasenden Lastwagen in die Luft geschleudert werden und auf die Fahrbahn rollen. Manni muss sein ganzes Können aufwenden, um diesen Hindernissen auszuweichen.

Am 03.08 um 1.40 Uhr unterbrechen wir die Fahrt. Manni ist total fertig, er ist 978 km gefahren. Auf einem Rastplatz wollen wir den Rest der Nacht verbringen. Manni liegt im Schlafsack auf der blanken Erde, ich schlafe sofort im Wagen im Sitzen ein. Es sollen noch viele solcher Nächte folgen.

3. August 1999

Völlig gerädert erwachen wir durch den Lärm der nahen Autobahn. Langsam schält sich Manni mit steifen Gliedern aus dem feuchten Schlafsack – Mein Gott, sieht der Mann gut aus! Die Ringe unter den Augen stehen ihm wirklich gut.

Die Raststätte macht einen gepflegten Eindruck. Die Füße lassen sich sehr gut im Klo säubern – Fuß rein, mehrmals spülen – Socken anziehen und schon fühlt man sich sauwohl.

Wir sind in einer Höhe von 2100 m ü.N. östlich von Salt Lake City im Skigebiet der Rocky Mountains. Hier ist die Luft klar und rein und riecht nicht nach Schwefel wie letzte Nacht, als wir durch Salt Lake City fuhren.

Zwei Ereignisse vom Vortag sind noch nachzutragen:

1. Um 0.15 Uhr, 25 Meilen vor Salt Lake City, hatten wir mit „Difty" 13.000 Kilometer zurückgelegt.

2. Um 0.25 Uhr stoppte uns die Highway Patrol weil unser Rücklicht defekt war. Wir wurden ermahnt und aufgefordert, den nächsten Rastplatz anzufahren, was wir ja auch taten.

Ansonsten wurden wir kaum beachtet. Für die Amerikaner sind wir nichts Besonderes. Nach einem ausgiebigen Frühstück geht es wieder auf die Piste. Um 11.00 Uhr

Nicht gerade bequem!
Manni schält sich
aus seinem Schlafsack.

erreichen wir Wyoming. Die Hauptstadt Cheyenne liegt in einer Höhe von 2200 Metern. Plötzlich fängt der Motor an zu stottern, in unregelmäßigen Abständen wird „Difty" von Fehlzündungen hin- und hergeschüttelt. Das hat uns gerade noch gefehlt. Weiterfahren hat keinen Zweck.

Vor uns am Highway liegt die kleine Ortschaft „Little America". Wir fahren sofort eine Werkstatt an. Der Fehler ist schnell gefunden, eine Zündkerze ist defekt. Vorsichtshalber lassen wir beide Kerzen auswechseln und fahren erleichtert weiter.

Nach wenigen Kilometern fängt der Motor erneut an zu spucken. Wir hatten uns zu früh gefreut. Glück im Unglück, vor uns liegt Rocky Springs mit einer Werkstatt. „Difty" liegt in den letzten Zügen und schafft es mit letzter Kraft, wobei der Motor von schweren Fehlzündungen geschüttelt wird. Die drei Mechaniker schauen entgeistert auf „Difty" – so ein Gefährt haben sie vorher noch nie gesehen. Das Reparaturhandbuch wäre uns jetzt eine große Hilfe.

Die Mechaniker machen sich bei brütender Hitze daran, den Fehler zu finden. Wir vermuten, es liegt an den Zündkontakten. Die Kontakte und die Konsensorbox werden mehrmals aus- und wieder eingebaut. Das Justieren bereitet uns große Schwierigkeiten, wir wissen keinen Rat mehr. Die Fehlzündungen lassen sich nicht beheben. Wir haben jetzt nur noch eine Hoffnung – unser Entenfachmann in Bremerhaven. Er könnte unsere Rettung sein.

Zu Deutschland bestehen acht Stunden Zeitunterschied, Heiko muss also im Bett liegen. Manni ruft ihn an und schildert unsere Lage. Unser Fachmann empfiehlt uns, den Zündkontaktabstand mit Hilfe einer Postkarte einzustellen. Wir machen uns erneut an die Arbeit – kein Erfolg.

Erst als wir die Motorhaube mit einer Wolldecke abdecken und damit den Motorraum verdunkeln, erkennen wir einen Zündfunken. An einer blankgescheuerten Stelle hatte das Zündkabel Kontakt mit dem Metall-Heizungsschlauch. Das Kabel wurde bis zur Schadstelle gekürzt und der Fehler war behoben.

Die Probefahrt verlief erfolgreich. Es gingen 153 US$ über den Tisch und um 18.00 Uhr waren wir „on the road again". Noch 254 Meilen bis Cheyenne. Die Aufholjagd geht weiter.

4. August 1999

Stark übermüdet ist Manni bis 0.35 Uhr durchgefahren. Trotz des Reparaturaufenthaltes hat er mit 751 Kilometern eine tolle Leistung vollbracht. Ohne Essen sind wir völlig erschöpft auf einem Rastplatz eingeschlafen. Wir handeln wie in Trance. „Weiter, weiter" sind unsere einzigen Gedanken. Nur noch 13 Tage bis zum Ziel. Nur keine Panik aufkommen lassen. Noch wissen wir nicht, wie und wann „Difty" von New York nach Europa transportiert werden soll. Vielleicht bekommen wir heute eine positive Nachricht.

Um 6.30 Uhr fahren wir weiter in Richtung Omaha, Nebraska. Die Landschaft hat sich total verändert. Leicht wellige Hügellandschaft mit riesigen grünen Feldern. Typisches Farmland. Mais, Weizen und Gemüse soweit das Auge reicht. Wir haben leichten Gegenwind. Das vermindert unsere Höchstgeschwindigkeit.

Um 10.35 Uhr haben wir 14000 Kilometer zurückgelegt. Wir bedanken uns bei „Difty".

Es ist 14.00 Uhr als das Telefon klingelt. Es ist unser Kontaktmann David aus El Paso. Er teilt uns mit, dass wir in New York den Stadtteil Jamaica JFK anfahren sollen. Eine französische Agentur wird sich um den Lufttransport von New York nach Glasgow, Schottland, kümmern. Uns fällt ein Stein vom Herzen, es bleiben noch fünf Tage bis zum Transporttermin. Das lässt hoffen. Bis DesMoines sind es noch 385 Meilen. Wieder werden wir von der Polizei gestoppt. Es ist immer das Rück- oder Bremslicht. Wir haben keine Zeit für solche Lapalien. Um 19.45 Uhr erreichen wir Lincoln, die Hauptstadt von Nebraska. Nach 978 Kilometern Fahrt erreichen wir Prärie City. Es ist Mitternacht. Gute Nacht.

5. August 1999

Abfahrt um 7.00 Uhr morgens. Der Himmel ist wolkenlos und mein Magen hängt mir vor Hunger in den Kniekehlen. Wir markieren unsere weitere Fahrtroute auf der Straßenkarte. Manni sagt, dass wir in zwölf Tagen um 17.00 Uhr auf dem Theodor-Heuss-Platz über die Ziellinie rollen. Ich dämpfe seinen Optimismus etwas.

Die nächste Stadt ist Iowa City. Bis dort sind es noch 96 Meilen. Die Route geht weiter über Davenport, Toledo, Chicago, Cleveland. Heute hat Manni sich 1000 Kilometer vorgenommen. Um 10.00 Uhr sind es noch 231 Meilen bis Chicago. Ein neuer

Meilenstein unserer Reise. Um 11.00 Uhr sind 15.000 Kilometer erreicht. Danke „Difty".

Wenn man die Interstate 80 befährt, rückt die Welt nahe zusammen. Städte wie Minden, Moskau, Marseilles, Berlin, Valparaiso fliegen nur so vorbei. Um 14.00 Uhr haben wir mit 62°C einen neuen Hitzerekord im Wagen.

Mein Bruder Rolf aus Deutschland ruft uns an. Endlich wieder ein bisschen Heimat. Während der Fahrt kommen uns die unmöglichsten Gedanken. Der Pastor hat uns am 30. Mai an der Großen Kirche verabschiedet. Wir fragen uns, ob er bei unserer Ankunft anwesend sein wird. Ob um 17.00 Uhr die Kirchenglocken läuten? Schön wär's.

Unser CB-Funkgerät haben wir ständig auf Empfang geschaltet. Wir können die Unterhaltungen der Truck-Fahrer gut verfolgen. Auf abfällige Bemerkungen über unser Auto wie „Hey Joe, look at that small car, is that a homemade car?" reagiert Manni sofort und schaltet sich in das Gespräch ein. Um 15.30 Uhr überfahren wir die Staatsgrenze von Indiana. 19.30 Uhr Staatsgrenze von Ohio überquert. Wir haben keine Zeit zu verlieren.

Morgen haben wir einen Empfang bei der weltgrößten Feuerzeugfirma „Zippo" in Bradford. Zippo-Deutschland hat das Treffen arrangiert. Für George haben wir zwei alte Zippo-Feuerzeuge symbolisch um die ganze Welt gefahren. Wir machen keine Pause, Manni fährt wie entfesselt. Vor uns liegt Cleveland, es ist Mitternacht. Der reine Wahnsinn.

Wir fahren auf einer achtspurigen Autobahn, der Interstate 80, auf Cleveland zu, im Strom unzähliger Pkw's und Laster, die links und rechts mit 110 km/h an uns vorbeifahren. Irgendwann müssen wir auf die Interstate 90 abbiegen. Im letzten Moment erkennen wir die Abfahrt und gelangen an die Zahlstelle der Toll-Road. Schnell 6 Dollar bezahlt und weiter geht's. Wir fahren direkt auf die Innenstadt zu. Downtown ist in ein Lichtermeer getaucht. Beleuchtete Wolkenkratzer ragen wie mahnende Finger in den sternenübersäten Himmel. Der Highway windet sich wie ein Wurm mitten durch die Stadt.

Wir haben voll mit der Navigation zu tun und schwimmen mit dem fließenden Verkehr. Mannis Konzentration hat auch nach 14 Stunden Fahrzeit noch nicht nachgelassen. Eine bravouröse Leistung.

Die Amerikaner fahren sehr diszipliniert, kein Hupen, kein Aufblinken. Freundliches Zuwinken und Rücksichtnahme auf unser Gefährt zeichnet die Fahrweise der Amis aus. Die Straßen schlängeln sich wie Schlangen über- und untereinander durch. Langsam wird der Verkehr etwas ruhiger. Unsere Nerven beruhigen sich auch. Wir fahren direkt am Erisee auf die Stadt „Erie" zu.

Wir müssen unbedingt schlafen. Um 1.30 Uhr finden wir endlich einen Rastplatz. Wir sind zu müde, um uns noch zu waschen. Manni haut sich im Schlafsack unter einen Baum.

Er hat einen neuen Rekord gefahren: 1165 km zeigt der Tacho. Unglaublich. Ich schlafe schon die vierte Nacht im Wagen. Was ist ein Bett?

6. August 1999

Bis 9.00 Uhr haben wir geschlafen und uns im Rasthaus frisch gemacht. Um 9.30 Uhr zeigt unser Tacho 16.000 km an. Wir sind noch 15 Meilen vor Erie auf der Interstate 17. Um 13.00 Uhr erreichen wir die Kleinstadt Bradford. Die Landschaft ist vergleichbar mit dem Harz in Deutschland. Zippo, der größte Arbeitgeber am Ort, bereitet uns einen herzlichen Empfang.

Der Vize-Präsident empfängt uns und lädt uns zu einer Werksbesichtigung ein. Man bringt uns großes Interesse entgegen. Die lokalen Medien bringen unsere Story in den Nachrichten. Geschenke werden ausgetauscht und jede Menge Fotos geschossen. Noch am selben Abend präsentiert man uns eine mehrseitige, werkseigene Homepage von unserem Besuch.

Am späten Nachmittag ziehen wir uns in unser Motel zurück. Dieses liegt malerisch umrahmt von Bergen in einem langgestreckten Tal. Auch hier werden wir begeistert empfangen. Der Inhaber, selbst ein Oldtimer-Sammler, ist von „Difty" total begeistert.

Am Abend lädt uns der Verkaufsmanager von Zippo zum Abendessen ein. Es wird eine lange Nacht. Man hängt an unseren Lippen, als wir über unsere Erlebnisse berichten. Geschlafen habe ich nicht sehr gut, die Umstellung von „Difty" auf ein Bett bereitete mir Schwierigkeiten.

7. August 1999

Nach einem ausgiebigen Frühstück bietet man uns an, unsere Wäsche zu waschen. Wir nehmen dankend an. Der Termindruck ist ein wenig von uns gewichen, wenn auch nur für ein paar Stunden. Unsere neue Planung erlaubt es uns, einen Tag in Bradford auszuspannen. Bis New York, Queens Jamaica, sind es noch ca. 650 Meilen. „Difty" müssen wir am 09.08. vormittags bei der Agentur SDV abgeben. Der Transport nach Glasgow, Schottland, ist für den 12.08.99 mit „Polar-Air" geplant. Rein theoretisch blieben uns von Glasgow nach Bremerhaven noch 7 Tage. Das hört sich gut an.

Noch sind wir nicht in Europa, aber es macht sich ein wenig Euphorie breit. Es darf bei dieser Crash-Planung aber auch nicht die geringste Kleinigkeit passieren.

Es gibt keine Alternative mehr. „Diftys" Flug ist gebucht und schlägt mit 6200 US$ zu Buche. Die Kosten explodieren. Wie wir von New York nach Glasgow kommen, steht noch in den Sternen. Nur nicht aufgeben. Noch liegen wir in Bradford am Swimmingpool in der Sonne und sammeln Kraft für den Endspurt.

Manni gibt gegen Abend noch ein Konzert am Pool und begeistert die alleinstehenden Witwen mit seinen Liedern. Sie hängen an seinen Lippen. Er schaut nur in ihre faltigen Gesichter.

Zum Abendessen gibt es eine Spezialität des Hauses „Prime Rip". Ein halbes Rind pro Person. Kein Wunder, dass ein Großteil der Amerikaner zu dick ist. Kurz vorm Schlafengehen ruft mich mein Bruder Werner aus Hannover an. Da kommt Freude auf. Alle zittern mit uns. Morgen geht es wieder neuen Abenteuern entgegen.

8. August 1999

Was mag wohl heute im „Sonntagsjournal" in Bremerhaven stehen. Die Beiträge von George werden gerne gelesen. Einige Leser schneiden die Artikel aus und sammeln sie liebevoll. Sicherlich sind auch schon die Planungen für unseren Empfang angelaufen. Unsere Frauen haben sich bestimmt etwas Besonderes ausgedacht. Neun Tage müsst ihr noch warten. Erstmal müssen wir nach New York.

Als wir um 11.00 Uhr starten, regnet es in Strömen oder es sind Abschiedstränen des Hotelpersonals. Um 15.00 Uhr passieren wir Binghampton und befinden uns 170 Meilen vor New York.

Regen und Nebel haben uns die ganze Zeit begleitet. Aus dem Radio erfahren wir, dass über Long Island ein fürchterlicher Tornado tobt. Er hinterlässt eine Schneise der Verwüstung. Das Wetter verschlechtert sich von Stunde zu Stunde. Sollten wir mit unserer Rechnung zu optimistisch gewesen sein?

Fünfzig Meilen vor New York geraten wir in ein Unwetter mit sintflutartigen Regenfällen. Wir fahren Kolonne im Schritttempo. Die Scheiben beschlagen von innen und Manni fährt im Blindflug. Das können nur die Ausläufer des Tornados sein. Da wir die Heizungsrohre in Sibirien entfernt haben, müssen wir die Innenscheiben laufend abwischen.

Das Wasser tropft an mehreren Stellen in den Wagen. Auf den Boden haben wir Handtücher gelegt, die wir von Zeit zu Zeit auswringen müssen. Das Wasser läuft über das Armaturenbrett Richtung Gaspedal direkt in Mannis Schuhe. Uns bleibt aber auch nichts erspart. So ein Unwetter hatte Manni zuletzt in Indien auf seiner ersten Reise erlebt.

Es ist schlagartig dunkel geworden, obwohl es erst 18.30 Uhr ist. „Difty" wird immer wieder von den Böen hin- und hergerissen. Über eine Stunde fahren wir nur im Schritttempo. Gegen 20.00 Uhr lässt der Regen etwas nach.

Wir fahren nach Karte immer in Richtung Queens, NY. Die mehrspurige Straße ist stark befahren und schlängelt sich direkt an Manhatten vorbei. Der Regen hat aufgehört. Die hellerleuchteten Wolkenkratzer sind beeindruckend aber gleichzeitig erdrückend. Manni fährt nach meinen Anweisungen, ich versuche krampfhaft auf der Karte den Stadtteil Jamaica in Queens zu finden.

An einer riesigen Straßengabelung verlässt uns die Orientierung. Manni löst das Problem auf seine Weise. Er fährt mit voller Geschwindigkeit über einen Kantstein auf eine Verkehrsinsel. Voll in die Bremse und da stehen wir nun, während links und rechts der Verkehr vorbeifließt.

Ersteinmal durchatmen und die Karte studieren. Dass wir Hunger und Durst haben, ist völlig in Vergessenheit geraten. Wir haben nur ein Ziel vor Augen – sicher im Stadtteil Jamaica, Queens 132nd. Ave anzukommen.

Vorsichtig reihen wir uns wieder in den Verkehrsfluss ein. Gegen 22.00 Uhr erreichen wir Jamaica. Die Gegend macht nicht gerade einen einladenden Eindruck. Die überwiegend schwarze Bevölkerung wirkt ärmlich. Die dunklen Seitenstraßen sollte man meiden. Wir halten gegenüber eines Latino-Restaurants und sind sofort von

Queens Jamaica in
New York.

*Das 113. PCT New York
Police Department.*

126

einer Gruppe Kinder umringt. Wir müssen aufpassen. Über der Straße erblicke ich in ca. zehn Metern Höhe eine genietete Stahlkonstruktion aus den Dreissiger Jahren. Plötzlich gibt es einen ohrenbetäubenden Lärm. Ein Zug donnert über die Hochbahn-konstruktion. Die Kinder halten sich die Ohren zu und selbst ein Hund verkriecht sich in einer Abfalltonne. Die Kinder sind teilweise barfuß und versuchen, unsere Lampen abzumontieren. Wir machen ihnen klar, dass sie ihre Finger von „Difty" lassen müssen. Es ist schwülwarm und stickig. In dem Latino-Restaurant essen wir zu Abend, während wir ständig auf unser Auto achten müssen. Noch schnell ein paar Fotos mit den Kindern und dem Hund und weiter geht die Fahrt.

Wir suchen die 132nd. Ave. Nach mehreren Anläufen (New York ist nicht Kirchwistedt) halten wir hinter einer Polizeistreife, um die Beamten um Hilfe zu bitten. Sie sind sehr freundlich und hilfsbereit und zeigen uns den Weg zum nächsten Polizeirevier, wo man uns weiterhelfen wird. Was dann passiert, übertrifft wieder einmal unsere Erwartungen.

Als wir vor dem Polizeirevier anhalten, werden wir von mehreren Polizisten mit der Hand an der Waffe umzingelt. Unsere anfängliche Angst ist aber unbegründet, sie wollten nur Autogramme und sich in unser Logbuch eintragen. Fotos werden gemacht, unsere Story erregt Aufmerksamkeit. Es ist das 113. Pricent New York Police Departement. Man verabschiedet uns mit guten Wünschen.

Mittlerweile ist es Mitternacht geworden. Wir haben gerade die nächste Straßenkreuzung erreicht, als wir durch mehrere Streifenwagen mit Blau- und Rotlicht auf der Kreuzung gestoppt werden. Man fordert uns auf, den Wagen zu verlassen. Wir wissen nicht, was das alles zu bedeuten hat. Man will sich nur nochmal von uns verabschieden und eine gute Fahrt wünschen.

Um 01.30 Uhr erreichen wir unser Ziel. Wir befinden uns in der Nähe des Flughafens in einem Industriegebiet. Neben unserer Agentur, die erst ab 08.00 Uhr geöffnet ist, befindet sich eine israelische Frucht- und Blumenhandelsgesellschaft. Wir erblicken Licht und fahren mit „Difty" einfach in die Frachtabteilung. Dort treffen wir auf Yosef, der den Nachtdienst verrichtet. Yossi Califa bietet uns sofort seine Hilfe an. In seinem Büro können wir uns waschen und auch schlafen, aber erstmal gibt es Kaffee.

Einen kleinen Haken hat die Sache, um 06.00 Uhr müssen wir das Lager räumen, weil dann sein Chef kommt, der den Deutschen nicht so wohlgesonnen ist. Wir sind vorläufig in guten Händen und fühlen uns bei „Yossi" sicher. Völlig übermüdet schlafen wir auf einer Ledercouch ein. Unsere Anzüge sind unbezahlbar. Um 05.00 Uhr werden wir unsanft geweckt. Yossis Chef fordert uns auf, unverzüglich das Feld zu räumen. Noch etwas verstört kommen wir der Aufforderung nach und verabschieden uns. Wir fahren nach nebenan und warten im Wagen auf unseren Agenten.

9. August 1999
Wir sind noch einmal im Wagen eingeschlafen. Um 08.00 Uhr werden wir wieder unsanft geweckt. Diesmal von den Mitarbeitern der französischen Agentur SDV. Wir

stellen „Difty" in der Tiefgarage ab. Unser Ansprechpartner ist Thomas. Er kümmert sich um den Air-Cargo-Transport und die zolltechnische Abwicklung. Noch wissen wir nicht, wann und mit welcher Fluglinie „Difty" transportiert werden soll. Wir sind auf jeden Fall in guten Händen. Als wir unsere Story erzählen, kommt so ein bisschen Stolz bei den Franzosen auf. Schließlich sind wir mit einem Citroën unterwegs.

Manni telefoniert mit Sponsoren aus Bremerhaven.

Sie versprechen uns, alles dranzusetzen, damit unsere Reise ein Erfolg wird. Thomas zieht alle Register, um „Difty" schnellstmöglich nach Europa zu schaffen. Wir versuchen parallel, unseren Flug zu realisieren. Bis Mittag haben wir nur negative Informationen vorliegen. Wieder beginnt der Nervenkrieg. Uns bleiben nur noch acht Tage. Sollten alle Strapazen umsonst gewesen sein?

Ich mache mir so meine Gedanken – ist es nicht albern, bei Wind und Wetter, bei Hitze und Kälte im engen Auto oder Schlafsack auf der blanken Erde zu schlafen, anstatt zu Hause im Bett?

256 Formulare auszufüllen und Devisen zu wechseln, Polizeistationen und Zollämter passieren, Wäsche waschen und aus Zeitmangel noch feucht über den von Mücken zerstochenen Körper zu ziehen? Den Kalender und die unbarmherzige Uhr vor Augen, eingezwängt im Auto, wie in eine Sardinenbüchse und ständig fahren, fahren, fahren.

Sich immer wieder gegenseitig anspornen, mutmachen und dabei das Ziel nicht aus den Augen zu verlieren. Am Ziel ankommen, sich in die Arme zu fallen und mit ein wenig Stolz ohne Überheblichkeit sagen zu können: „Es hat sich gelohnt". Thomas schreckt mich aus meinen Gedanken auf.

„Polar-Air-Cargo" heißt das Zauberwort. Damit könnte „Difty" am Mittwoch, dem 11.09.99 über den großen Teich transportiert werden. Der Anflughafen Prestwick liegt in der Nähe von Glasgow in Schottland. Eine bessere Lösung kann es für uns gar nicht geben. Wir geben unser OK, auch wenn die Frachtkosten mit 6200 US-Dollar sehr schmerzhaft sind. Während ich immer noch an die Kosten denke, ist das Thema

128

für Manni lange abgehakt. Alles läuft nach Plan. Während unsere Profis ihre Arbeit tun, kümmern wir uns um unsere Flüge von New York nach Glasgow. Nach mehreren Telefonaten haben wir Erfolg. Um 20.45 Uhr können wir mit United Airlines nach London fliegen. Von dort ist es kein Problem, nach Glasgow zu kommen. Die Fluggesellschaft „Middlands" fliegt stündlich.

Die Welt ist wieder in Ordnung und die aufgebaute Anspannung fällt von uns ab. „Difty" wird noch am Nachmittag in der Frachtabteilung von Polar-Air versandfertig gemacht. Wir verabschieden uns von unseren Helfern, die uns auch noch zum Flughafen bringen und besteigen pünktlich die Boeing 767-300 nach London. An Bord werden wir mit Champagner empfangen – wir müssen wohl etwas Besonderes sein. Morgen vormittag sollen wir in London-Heathrow landen. Bevor wir einschlafen, planen wir schon die nächsten Schritte. Der Endspurt kann beginnen. Jetzt nur keine Panne mehr.

10. August 1999

Weich setzt die Boeing in London auf der Landebahn auf. Europa hat uns wieder. Um 10.45 Uhr haben wir unseren Anschlussflug nach Glasgow gebucht. Auch hier gibt es keine Verzögerung. Pünktlich landen wir in Glasgow.

Hier müssen wir uns an eine neue Währung und vor allen Dingen an eine neue Sprache gewöhnen. Das schottische Englisch ist eine Katastrophe. Manni als Sprachgenie hat damit keine Probleme, er kann ja auch auf schottisch singen. Aber ich verstehe immer nur Bahnhof.

Vom Flughafen fahren wir mit dem City-Bus in die Innenstadt. Am Busbahnhof angekommen, fällt uns ein VW-Kleinbus mit einer auffälligen Reklame an der Windschutzscheibe auf. Unterkunft für „Backpacker" für £ 12,50 pro Nacht und Person, Ice-cream free. Wir steuern sofort auf den Wagen zu und nehmen Kontakt mit der Besitzerin auf. Im Bus sitzen schon zwei Personen, ein Vater mit seinem Sohn. Sie kommen aus den neuen Bundesländern und sind auf Trecking-Tour durch Schottland. Gemeinsam werden wir zu der Unterkunft gefahren.

Unser Quartier liegt in der Hollandstr. 136 in der Nähe der Fußgängerzone. Ein blaugestrichener Altbau, der uns in den nächsten Tagen als Unterkunft dient. Die sauberen Zimmer verfügen über mehrere Etagenbetten. Es sind bis zu zwölf Betten in einem Raum. Ein internationales Völkchen tummelt sich auf den Betten. An dem einzigen Gemeinschaftswaschraum stehen Männlein und Weiblein geduldig Schlange. Für uns, nach dem was wir in Russland erlebt haben, ein Paradies.

Wir fragen die Vermieterin nach einer Suite. Sie überlegt nicht lange, dann bietet sie uns ihr Privatzimmer an und zieht selbst auf ein Etagenbett. Wir beziehen unser Doppelzimmer und machen uns ersteinmal über den Kühlschrank im Aufenthaltsraum her. Wir ziehen uns mehrere Schachteln Eiscreme rein. Nach der dritten Packung wird mir übel. Ich komme nur bis zur Klotür, leider besetzt. Mein Magen gibt mir keinen Aufschub und ich übergebe mich auf dem Flur. Peinlich, aber leider nicht zu ändern.

Am Abend erkunden wir noch die Fußgängerzone von Glasgow. Tote Hose, um 22.00 Uhr werden die „Bürgersteige hochgeklappt". Von Nachtleben keine Spur. Wir sind auch viel zu müde, um noch etwas zu unternehmen. Unser Abendessen nehmen wir in einem Chinesen-Lokal zu uns und legen uns in unserer „Suite" früh schlafen. Morgen ist um 11.11 Uhr Sonnenfinsternis. Das Schauspiel wollen wir uns unbedingt ansehen, aber ob wir rechtzeitig wach werden, steht in den Sternen.

11. August 1999

Sonnenfinsternis 80%, leider verpennt. Um 12.00 Uhr wachen wir auf. Unser Nachholbedarf verbunden mit der Zeitumstellung hat seinen Tribut gefordert. Wir brauchen jedenfalls nicht vorm Badezimmer Schlange zu stehen. Eine Nacht müssen wir noch in Glasgow verbringen, denn „Difty" soll erst Morgen um 17.45 Uhr auf dem Cargo-Flughafen von Prestwick landen.

Nachdem wir wieder unsere Rennanzüge übergestreift haben, begeben wir uns in die Sauchiehall Street. Bei O'Brians, einer Sandwich-Kette, wird ausgiebig gefrühstückt. Alles ist superteuer. Die Sonne scheint, wir sitzen vorm Lokal, beobachten die Leute und versuchen, die für uns kostbare Zeit totzuschlagen. Sechs Tage bleiben uns noch, um über Nordirland, Irische Republik, Wales, England, Frankreich, Belgien, Holland unsere Heimatstadt pünktlich zu erreichen. Sollte nichts außergewöhnliches passieren, haben wir eine gute Chance. Die Zeit bis morgen abzusitzen, können wir uns nicht vorstellen. Wir beginnen, einen neues Abenteuer anzuzetteln.

Als wir auf der anderen Straßenseite die Geschäftsstelle des traditionsreichen Fußballclubs „Glasgow Rangers" erblicken, haben wir eine zündende Idee. Ein Mittwoch in Glasgow ohne Fußball ist undenkbar. Wir fragen Passanten, ob nicht rein zufällig heute die Rangers spielen. Entgeistert starrt man uns an. Seit Wochen gibt es nur ein Thema in Glasgow.

Heute Abend kommt es zu der wichtigen Begegnung zwischen den Glasgow Rangers und dem FC Parma aus Italien. Es geht um die Qualifikation zur Champions-League. Das Stadion ist mit 53.000 Sitzplätzen seit Wochen ausverkauft. Manni hat eine verwegene Idee.

Im Fan-Shop lassen wir uns die Telefonnummer der Geschäftsstelle geben. Manni ruft den Ticket-Shop an, keine Chance – ausverkauft. Man empfiehlt uns den Schwarzmarkt. Unter £ 300 oder DM 900 pro Karte ist nichts zu machen. Aber so leicht geben wir nicht klein bei und ziehen unsere Masche ab.

Manni ruft die PR-Abteilung des Clubs an, wird von einem zum anderen weitergereicht bis es schließlich bei Martin Baer landet. Unsere Story ist schnell erzählt. Unsere Internet-Nr. zeigt Wirkung. Hinzu kommt noch, dass bei den Rangers drei Stars aus der Deutschen Bundesliga spielen. Stephan Klos, Billy Reina und Jörg Albertz, den die Fans „the Hammer" nennen, genießen großes Ansehen.

Manni dreht den Chef der PR-Abteilung durch den verbalen Fleischwolf. Er scheint beeindruckt und sichert uns zwei Eintrittskarten zu. Diese sollen wir am Abend am Haupttor in Empfang nehmen. Das wird ein schönes Loch in unsere sowieso schon

Vor dem Stadion in Glasgow mit einem „Hammer" Jörg Albertz Fan.

leere Kasse reißen. Na dann, ab zur Herberge. Noch ein wenig ausruhen, die Overalls übergestreift und ab mit dem Taxi zum Stadion. Um 20.00 Uhr soll das Spiel beginnen. Je näher wir dem Stadion kommen, desto mehr verdichtet sich der Verkehr. Eingehüllt in Fahnen, Schals und Mützen strömen die Fans zum Stadion. Wir sitzen bequem in dem Taxi und bahnen uns den Weg durch die Massen. Berittene Polizei macht uns den Weg frei. So gelangen wir ohne Zwischenfälle zum Hauptportal.

Als wir aussteigen, bemerken wir, dass unsere Anzüge die Farben der Rangers haben. Wir erregen sofort Aufmerksamkeit. Man fragt uns nach unseren Wünschen. Wir stellen uns vor und man bittet uns, einen Moment zu warten. Es dauert nicht lange und einer der wichtigen Club-Manager überreicht Manni ein Kouvert. Auf dem Umschlag steht „to be collected by Manni Müller".

Erregt öffnen wir den Umschlag. Zwei Eintrittskarten im VIP-Block (Kosten £ 180 gleich DM 720,-) flattern uns entgegen. Alle Freude ist zunächst verflogen. Beim genaueren Hinsehen bemerken wir, dass der Eintrittspreis ausgenullt ist. Wir halten Freikarten in den Händen! Der reine Wahnsinn.

Es ist noch genügend Zeit bis zum Spielbeginn. Tausende von disziplinierten Fans bevölkern das Stadion. Kein Alkohol, keine Hupen und Sirenen, wie in deutschen Stadien. Das soll sich aber ändern. Von allen Seiten spricht man uns an. Fotos mit Fahnen und Fans werden geschossen. Auf den Trikots prangt immer wieder der Name „Albertz". Kurz vor Spielbeginn begeben wir uns über den roten Läufer der Ehrengäste ins Stadion, nicht ohne uns vorher mit Freigetränken und Snacks gestärkt zu haben. Wir nehmen verwirrt unsere reservierten Plätze in der Ehrenloge ein. Das reine Fußballstadion ist bis auf den letzten Platz gefüllt. Es ist relativ ruhig.

Plötzlich beginnen 53.000 wild aufspringende Fans die Ranger-Gesänge anzustimmen. Wir singen lautstark mit ohne den Text zu können. Um uns herum sitzen die Organisatoren und die Vereinsspitze, alle nach der letzten schottischen Mode gekleidet. Einige der Herren tragen stolz einen Rock (Kilt), die schottische Nationaltracht. Hoffentlich haben sie alle eine Unterhose an. Die Euphorie, die sich ausbreitet, als die Spieler den Rasen betreten, ist nicht in Worte zu fassen. Fast wie beim OSC Bremerhaven in der Westkurve. Das Spiel kann beginnen. Eine kleine italienische Fangemeinde kauert still in einem Sonderblock.

Nach 20 Minuten Spielzeit fordern die Fans die Einwechslung von Albertz, „the Hammer". Als er den Platz betritt, springen alle wie elektrisiert von ihren Sitzen und singen vor Begeisterung den Albertz-Song. Jede kleine Aktion der Rangers auf dem Spielfeld wird mit Klatschgesängen honoriert.

Als das erste Tor zum 1:0 für die Rangers fällt, bricht ein Jubel los, der so gewaltig ist, dass ich minutenlang wie taub bin. Die erfolgreiche russische Therapie war völlig umsonst. Einer der vornehmen Herren im Nadelstreifen neben mir flippt förmlich aus. Er brüllt und schreit wie besessen.

Dabei tritt er mir voll auf den rechten Fuß. Ich brülle ihn an und er haut mir auf die Schulter und freut sich über meine Begeisterung. Es fällt noch ein Tor für die Rangers. Das Spiel ist gewonnen und die Fans verlassen diszipliniert das Stadion, während die Italiener verstört und enttäuscht noch in ihrer Ecke sitzen. Am Ausgang versuchen wir noch Autogramme zu bekommen. Ein vergeblicher Versuch. Die Spieler haben bereits

Wir stehen im Heiligtum der Glasgow Rangers.

durch einen unterirdischen Gang das Stadion verlassen. Wir stehen ein wenig verloren auf dem roten Teppich herum, als uns der Vereinspräsident auffordert, mit ihm mitzukommen. Über eine Wendeltreppe erreichen wir eine verschlossene Mahagonitür ohne Türgriff. Ein eingetippter Geheimcode gibt uns den Weg frei ins Allerheiligste der Rangers.

An den Wänden glitzern die gewonnenen Pokale und Andenken weltweit renommierter Fußballclubs. Sie spiegeln die erfolgreiche Vereinsgeschichte der Glasgow Rangers wieder. Wir sind wie gelähmt und können unser Glück kaum fassen. Wir bekommen sogar die Erlaubnis zum Fotografieren. Noch ein letzter Blick auf den goldenen Adidas-Schuh und die Wirklichkeit hat uns wieder. Mit einer Mini-U-Bahn fahren wir zurück in die Stadt. Was für ein Tag liegt hinter uns.

Morgen landet „Difty" in Prestwick, wenn es denn so sein soll. Was erwartet uns morgen?

12. August 1999

Heute soll „Difty" mit Polar-Air-Cargo in Prestwick-Airport landen. Um 17.45 Uhr soll der Jumbo aufsetzen. Eine gute Nachricht, für uns bleibt genügend Zeit, unsere Habseligkeiten zusammenzupacken. Wir führen noch ein Live-Interview mit Radio Bremen 4. Die Feinplanung kann beginnen.

Mit dem Zug fahren wir um 14.00 Uhr nach Prestwick und werden am Bahnhof von einer Mitarbeiterin der Firma Circle International Logistics abgeholt. Alle Zollpapiere sind vorbereitet. Für die Abwicklungskosten müssen wir nochmal £ 100 hinblättern. Pünktlich um 17.15 Uhr landet der schneeweiße Jumbo mit „Difty" an Bord. Profis kümmern sich sofort um die Entladung und stellen uns „Difty" innerhalb von 2 Stunden zur Verfügung. Eine logistische Meisterleistung.

Um 19.15 Uhr sind wir abfahrbereit. Auf der A 77 fahren wir zügig nach Cairn-Ryan, dem Fähranleger der P 80 Ferries nach Nordirland. Direkt am Anleger liegt das Hotel „Loch Ryan".

Es entpuppt sich als ziemlich miese Absteige. Uns soll es egal sein, wir handeln den Preis entsprechend runter und nehmen Platz in der verräucherten Gaststube. Die Tische sind klebrig und der penetrante Geruch von verbranntem Öl hängt in der Luft. Trotzdem wagen wir es, uns Fisch & Chips zu bestellen. Wenn man hungrig ist, sieht man über einiges hinweg. Viel Zeit zum Ausschlafen bleibt uns nicht, denn um 07.30 Uhr morgen früh verlässt die Fähre den Hafen und nimmt Kurs auf „Larne" in Nordirland. „Difty" wird gesichert und wir beziehen unser Mini-Zimmer (ohne Dusche und WC). Die alten Federbetten sind saukalt und feucht. Wir behalten unsere Anzüge an und während der Regen an die undichten Fensterscheiben prasselt, schlafen wir erschöpft ein.

13. August 1999

Wir müssen früh aufstehen. Nach einem kurzen Frühstück reihen wir uns mit „Difty" in die wartende Wagenkolonne am Fähranleger ein. Die Abfertigung erfolgt zügig und pünktlich verlässt der Waterjet-Liner den Hafen. Es ist eine große Fähre. Sie kann 600 Passagiere und 160 Wagen mit einer Höchstgeschwindigkeit von 39 Knoten befördern. Die Überfahrt nach Larne dauert nur eine Stunde.

Um 8.30 Uhr legt das Schiff in Nordirland an. Ohne Aufenthalt fahren wir sofort in Richtung Belfast. An den Linksverkehr hat sich Manni schnell gewöhnt. Mir wird in jedem Kreisverkehr schwindelig. Um 9.20 Uhr erreichen wir die Nordirische Hauptstadt Belfast. Während der Fahrt führen wir ein Live-Interview mit Günter Meier von Radio Bremen 3. Die Heimat erwartet uns. Nur noch 4 Tage bleiben uns. Unser Optimismus kennt keine Grenzen.

Die protestantischen und katholischen Vororte sind schnell passiert. Ein Pulverfass verwirrter Starrköpfe, die sich nicht scheuen, Menschenleben aufs Spiel zu setzen. Finsterstes Mittelalter. Unser Ziel ist die City-Hall in der Innenstadt. Hier wollen wir dem Lord Major unsere Aufwartung machen. Wir brauchen für unseren Tournachweis unbedingt die amtlichen Siegel für unser Logbuch.

Vor uns liegt ein riesiger weißer Kuppelbau mit allseitig bewachtem Innenhof. Manni kennt keine Hemmungen, er findet eine Lücke in der Absperrung, durchfährt einen Torbogen ohne Halt und steht mit „Difty" direkt vorm Haupteingang der City-Hall. Sofort sind wir von schwarz gekleideten Sicherheitskräften umgeben. Die Läufe von mehreren Maschinenpistolen zwingen uns, im Wagen sitzen zu bleiben.

Nacheinander dürfen wir den Wagen verlassen und werden eingehend auf Waffen und Sprengstoff untersucht. Erst jetzt fragt man uns, was wir hier wollen. Unser weltweit bekanntes Lächeln macht keinen Eindruck auf die Beamten. Wir ändern unsere Taktik und behaupten einfach, eine offizielle Einladung bei dem Lord Major zu haben. Wir können ja nicht ahnen, dass der Hausherr im Urlaub weilt.

Nach telefonischer Rücksprache mit seiner offiziellen Vertretung gewährt man uns eine Audienz und wir werden mit einem Sonderfahrstuhl zum Allerheiligsten befördert. Eine gepflegte ältere Lady empfängt uns herzlich. Sie ist für eine offizielle Audienz noch nicht vorschriftsmäßig gekleidet. Schnell ist der

Austausch von Gastgeschenken in Belfast.

grüne Rock mit der passenden Jacke geholt. Die goldene Amtskette darf auf keinen Fall fehlen.

Endlich hat alles seine Richtigkeit und wir können unsere Grüße der Stadt Bremerhaven übergeben. Artig überreichen wir unseren Wimpel und bitten um Beglaubigung unseres Logbuches. Als Gegengeschenk überreicht sie jedem von uns eine superhässliche Krawatte. Nach den Erinnerungsfotos verabschieden wir uns, begeben uns zu unserem Wagen, den man inzwischen eingehend gefilzt hat.

Wenige Tage zuvor ist vor einem Bankgebäude eine Autobombe hochgegangen und hat drei Menschen getötet. So schnell wir können, verlassen wir Belfast in Richtung Dublin.

Um 12.30 Uhr geraten wir 85 km vor Dublin in eine englische Militärkontrolle, die wir aber ohne Schwierigkeiten passieren können. Am späten Abend erreichen wir Dublin, fahren aber weiter nach Rosslare, da die Zeit drängt . Wir müssen unbedingt die Nachtfähre um 21.15 Uhr erreichen. „Difty" lässt uns nicht im Stich. Gleichmäßig schnurrt er vor sich hin und bringt uns Kilometer um Kilometer der Heimat näher. Um 22.00 Uhr verlassen wir den Hafen von Rosslare mit Irish Ferries. Unsere Ziel ist Pembroke in Wales.

Vier Stunden Fahrzeit liegen vor uns. Die Nobel-Fähre bietet allen erdenklichen Luxus. Wir stürmen sofort das reichhaltige Buffet. Manni ist von der vielen Fahrerei total erschöpft und legt sich auf einem Sessel schlafen. Ich bin viel zu aufgeregt und steuere eine Karaoke-Bar an.

Die Zeit vergeht wie im Flug, während sich die kommenden Stars im Gesang üben. Fast hätte ich das Wichtigste vergessen. Unsere Anwesenheit in der Irischen Republik lassen wir uns vom Kapitän auf der Brücke mit Stempel beglaubigen. Morgen sind wir in Wales und wollen unverzüglich die Kanalküste erreichen. Wenn es denn so sein soll.

14. August 1999

Das Schrillen des Maschinentelegrafen und das Rattern der Ankerkette signalisieren um 02.00 Uhr Morgens unsere Ankunft im Hafen von Pembroke. Es regnet in Strömen und ein stürmischer Wind pfeift uns entgegen, als wir mit „Difty" über die Be- und Entladerampe das Schiff verlassen. Eingekeilt zwischen zwei Lastwagen, die Unmengen von Wasser aufwirbeln, fahren wir wie ein U-Boot durch eine enge von Hecken und Steinmauern seitlich begrenzte Zubringerstraße in Richtung Cardiff. Mannis Hände kleben am Lenkrad. Er hat wieder das Leuchten in den Augen, was mir seine höchste Konzentration signalisiert.

„Difty" wird immer wieder hin- und hergerissen. Die Mini-Scheibenwischer sind machtlos gegen die auf uns niederprasselnden Wassermassen. Unsere rechte vordere Lampe gibt ihren Geist auf. Wir nicht, denn in Bremerhaven werden wir von unseren Familien, Freunden und Bekannten sehnsüchtig erwartet. Am rechten Oberschenkel verspüre ich seit geraumer Zeit einen leichten Schmerz. Als ich der Sache auf den Grund gehe, stelle ich erstaunt fest, dass es sich um das 5,- DM Stück von unserem

Bürgermeister Niederquell handelt. Er hatte es uns beim Abschied aus eigener Tasche gesponsert.

Der Regen lässt nach. Wir passieren Cardiff, Wales liegt hinter uns. Ich erzähle Manni eine Geschichte aus Wales. Während meiner Tätigkeit als Terminsteuerer bei den Vereinigten Flugzeugwerken in Nordenham, Einswarden, war ich für zwei Jahre in einem Zulieferbetrieb für Airbus-Bauteile in Wales als Repräsentant abgestellt. Die Verpflegung war sehr eintönig. Das Hauptgericht hatte immer mit Lammfleisch zu tun. Lamm warm, kalt, gebraten, gekocht.

Um ein wenig Farbe ins Essen zu bekommen, übergoss man das Fleisch mit einer grünen Minzsosse. Ekelhaft. Mir war ständig schlecht und allein vom Erzählen hatte ich einen Klos im Hals. Ich leistete einen Schwur: „Nie wieder Lammfleisch", aber es sollte ganz anders kommen. Dazu später mehr.

Wir steuern die Kanalküste an. Unser Ziel ist Hastings-Icklesham. Hier wohnt der Universitäts-Professor Peter Sommerville mit seiner Frau Christine. Bei unserer Fahrt durch Sibirien lernten wir ihn in Nowosibirsk kennen. Er hielt Vorträge an der Universität und hatte uns in sein Haus eingeladen. Somit war die Übernachtungsfrage für uns gelöst. Ankunft in Icklesham um 14.00 Uhr.

Wir wurden herzlich willkommen geheißen. Peter war etwas in Eile, da man in der nahegelegenen Kirche auf seinen „Sopran" wartete. Auch sein Schwiegervater begrüßte uns wie alte Freunde. Wir wurden fürstlich bewirtet, während die Dame des Hauses unsere Gästezimmer herrichtete. Man bot uns an, bis zum 16.08.99 zu bleiben und wir nahmen die Einladung hocherfreut an. Man war ganz gespannt auf unsere Erlebnisse.

Am Abend sind wir bei einem Freund von Peter auf dessen Landgut eingeladen. Er besitzt riesige Schafherden und ist berühmt für sein Lammfleisch. Das Unheil nimmt seinen Lauf. Der Empfang beginnt um 19.00 Uhr. Langsam treffen die geladenen Gäste ein und man stellt sich gegenseitig vor. Getränke werden reichlich angeboten und zeigen auch schnell ihre Wirkung. Wir werden zu Tisch gebeten. Alle zwanzig Gäste finden an einer langen geschmackvoll gedeckten Tafel Platz.

Wie konnte es anders sein – es gibt Lammkeule mit Minzsosse. Mein Magen ist schlagartig wie zugeschnürt. Ich lasse mir nichts anmerken, während Manni sich ein Grinsen nicht verkneifen kann. Nach dem dritten Bissen ist es dann soweit. Mein Magen spielt nicht mehr mit und fluchtartig verlasse ich die Runde und stürze ins Badezimmer. Nachdem sich mein Magen wieder beruhigt hat, nehme ich etwas blass am Kopfende der Tafel neben der Gastgeberin meinen Platz ein. Manni sitzt mir gegenüber und hat Mitleid mit mir.

Das Essen wird abgetragen und ich halte es für meine Pflicht, mich bei der Dame des Hauses zu bedanken. Alle Gäste erhoben sich von ihren Plätzen und halten ihr Rotweinglas in den Händen.

Nach einigen Dankesworten reitet mich der Teufel und ich bitte die Gastgeberin um das Rezept für die Lammkeule. Manni, auch schon etwas angesäuselt, fällt vor Schreck das Rotweinglas aus der Hand. Das ist der Auftakt für eine lange und fröhliche Party. Manni zieht alle Register und erfreut uns mit seinen unerschöpflichen Gesangsdarbietungen. Ziemlich angetrunken begeben wir uns auf den Heimweg. In meiner Tasche knistert das Lammkeulenrezept . . .

15. August 1999

Erst gegen Mittag erwachen wir mit brummendem Schädel. Aus Breakfast und Lunch wurde Brunch. Die ganze Familie ist erschienen und lauscht bei herrlichem Sommerwetter im Garten unseren Erzählungen. Manni unterhält wie immer alle mit Musik. Die Nachbarin heißt „Pupsi". Manni hat sofort das richtige Lied parat. Alle sangen: „Pupsi, du bist mein Augenstern, Pupsi, hab dich zum Fressen gern". Als die Familie sich verabschiedet, saßen wir noch bis spät in die Nacht mit neugewonnen Freunden im Wohnzimmer am Kamin.

Morgen heißt es Abschied nehmen. Das Ziel rückt näher. Im Geiste sehen wir uns schon auf dem Theodor-Heuss-Platz am Bürgermeister-Smidt-Denkmal ankommen. Oder war alles nur ein Traum?

So, lieber Leser und liebe Leserin, den Rest unserer Reise wird nun Manni erzählen.

16. August 1999

Dieses letzte Wochenende auf unserer Reise um die Welt in Icklesham bei Christine und Peter in dem südenglischen Ort war recht beeindruckend. Wir haben herrliche Menschen kennengelernt und haben auch das Gefühl, dass wir würdige Botschafter unserer Herkunft gewesen sind, was ja nicht immer einfach ist. Man wünscht uns eine gute und sichere Heimfahrt. „Auf ein baldiges Wiedersehen – So long for now".

Auf der 259 geht es Richtung Folkstone. Leichter Regen liegt in der Luft. An die Roundabouts (Kreisverkehr) hatte ich mich schnell wieder gewöhnt. Nicht vergessen, man muss sie links einfahren. Rechts in der Ferne, also in östlicher Richtung liegt der Kanal, die Straße von Dover. Vor Folkstone trifft der Verkehr der E15, der von London nach Dover führt, in voller Stärke auf unsere bislang gemütliche Fahrstrecke. Dover liegt wenige Kilometer nordöstlich von Folkstone. Von dort fahren Fähren nach Calais, Frankreich.

Durch den Tunnel, das hatte ich schon jahrelang geplant. Dass es mit einem Zug geht, davon hatten wir gehört. Wir sehen jetzt schon die Hinweisschilder zum Eurotunnel.

Matterhorn macht Notizen im Tagebuch, achtet aber genau auf die Straßenschilder. Teamwork, das immer geklappt hat. Eine gewisse Preisvorstellung haben wir schon, aber irgendwie ist es uns auch egal. Mittwoch um 17.00 Uhr müssen wir in Bremerhaven sein. In der Ferne sehen wir endloses Meer, „der Kanal". Wir kommen einem Traumziel näher.

Der Verkehr staut sich. Endlich parken. Matterhorn geht zum Tickethaus und bezahlt £124. Jetzt geht es den Zeichen und Linien nach zu einem Parkplatz, der sich allmählich füllt. Und siehe da: Wir sind schon in Frankreich und alles noch in England. Haben wir auch nicht gewusst.

Bis 13.30 Uhr haben wir noch 40 Minuten Zeit. Wir verlassen „Difty" und schauen uns ein wenig um. Matterhorn raucht eine Zigarette und ich stecke mir meine Pfeife an. Viele Autos stehen jetzt in Reih' und Glied. Es ist ein internationaler Treffpunkt.

Ein Ehepaar mit zwei Kindern kommt auf uns zu und fragt: „Na, haben Sie auch Urlaub in England gemacht?" Das kleine Mädchen schaut auf die Kofferlappe und geht mit seinem Finger die Reiseroute nach, „schau mal Vati, ist das Australien? Da is kein Strich drauf!". Matterhorn kommt mir zuvor – Hoffentlich sagt er jetzt nicht, dass wir vom Mond kommen. Nein, ganz höflich klärt er die Familie auf. Ich höre nur noch das Ende: „Also, wir kommen von ganz weit weg". Ich glaube er spricht bewusst mit einem norddeutschen Akzent, denn wie sich herausstellte, waren die Herrschaften aus Herrenberg bei Stuttgart. Ich sah auch später das Nummernschild: BB. Ich muss noch einem Franzosen erklären, dass wir keine Sahara-Ente fahren. Er hatte die Saharahaube entdeckt und suchte nach den beiden Tankverschlüssen in den beiden Vordertüren.

Matterhorn gibt mir ein Zeichen, es kommt Bewegung in die Gruppe der Wartenden. Die geschulten Angestellten weisen uns ein. Vom Parkdeck geht es runter. Wir

„Difty" im Waggon
des Eurotunnels.

sind jetzt auf Meereshöhe. Da stehen auch schon die Züge, speziell angefertigte Waggons mit großen Türen auf der rechten Seite. Jetzt sind wir an der Reihe. Hinein in den Waggon. Per Lautsprecher wird den Reisenden auf englisch und französisch mitgeteilt, bis ans Ende des Waggons zu fahren. Wir sind mit „Difty" die ersten im Waggon. Da leuchtet auch schon das Stop/Arret auf.

Matterhorn gibt mir erstmal den Eurotunnel-Shake. Wir drücken einander die Hand und schauen uns in die Augen – wieder ein Ziel erreicht. Hinter uns schließen die Waggontüren automatisch. Wir steigen noch einmal aus und schauen uns um, lesen auf einer Tafel die langjährige Geschichte des Tunnelbaus, auch davon, dass in England befürchtet wurde, die Franzosen würden einen Tunnel bauen, um England zu überfallen und einzunehmen. Aber das liegt schon einige Jährchen zurück.

Hinter uns steht ein guterhaltener Sunbaem-Alpine. Ian Flemming hatte einmal von solch einem Sportwagen in einem seiner James-Bond-Bücher geschrieben.

Ein englisches Ehepaar, mit dem Matterhorn ein Gespräch beginnt, sitzt in voller Ledermontur, Lederkappe und historische Rennbrille, in dem kleinen Flitzer. Draußen hat es zu regnen begonnen. Die beiden hatten sich davon nicht abschrecken lassen. Und irgendwie höre ich Matterhorn fast singend sagen: „It never rains in the Eurotunnel". Die Melodie klang irgendwie nach „It never rains in Southern California".

Weiter hinten sehe ich einen Jungen mit einem Schiff spielen. Ich gehe auf ihn zu und beuge mich zu dem Jungen herunter. Es ist ein Modellschiff, ein Frachter mit gelbem Schornstein. Norddeutscher Lloyd, und da auch schon der Name „Blankenstein".

Ich weiß, mein alter Freund und Musiker Bernd Rücker war Anfang 1970 mit diesem Schiff als Ing. mehrere Male durch den Kanal geschippert. Dieser kleine Junge wollte es jetzt einmal quer versuchen. Ich werde jäh aus meinen Gedanken gerissen. Seine Eltern, bekleidet mit lang über die Jeans hängenden Blumenhemden, rufen dem Jungen zu: „Jonathan, komm her, es geht los" (Jonathan, englisch ausgesprochen, obwohl es Deutsche sind). Sie verschwinden in einem leicht schäbigen VW-Bully, noch mit geteilter Frontscheibe. Vielleicht eine Hippiefamilie dritter Generation.

Es ist Pflicht, während der Tunneldurchfahrt im Auto zu bleiben. Matterhorn grinst immer noch vor sich hin und summt das Lied, das er den beiden Engländern vorgesungen hat. Auch mich überzeugt er, dass es nie im Eurotunnel regnet.

Der Zug setzt sich in Bewegung, wir lehnen uns zurück und lassen es uns gutgehen. „Morgen können wir's nicht mehr, drum lasst uns heute leben". Klingt irgendwie nach Schiller – und das im Tunnel unterm Ärmelkanal.

Zur Information: Der Tunnel besteht aus drei Röhren und ist 50 km lang, als Tiefe wird 91 bis max. 117 m angegeben.

Nach 35 Minuten erscheint Sonnenlicht. Im Konvoi rollen wir auf den europäischen Kontinent. Wieder unser bekannter Shake und Klopfen auf das kleine „Difty"-Schild aus Messing auf der Plastikabdeckung des Scheibenwischermotors. Ein Geschenk von Otto Braune, Starpianist der MM-Combo. Er wäre so gerne diese Reise mitgefahren.

Schnell orientieren wir uns Richtung Belgien. Schilder sind ja genug vorhanden. Als erprobter Co-Pilot nimmt Matterhorn die Sache gleich in die Hand.

Auf kleiner Straße an Calais vorbei auf die E40. Um 15.45 Uhr sind wir in Belgien, ohne Stopp an der Grenze, also auch keinen Stempel, die ich besonders gerne mag, weil ich ja schon so viele habe. Vorbei an Dunkerque, immer weiter auf der E40. Ostende und Brügge lassen wir links liegen. Es ist 17.00 Uhr. Plötzlich das Ganze halt. Stau, aber wie. Es ging doch alles so flott bislang. Als wir nun auf dieser schönen Straße stehen und aussteigen, sehe ich die sauberen Gehöfte, die Tiere auf den Weiden. Der Geruch von Landwirtschaft. Sommer 1999. Auf der Fahrt bisher haben wir beide über dieses und jenes geschnackt, hatten von Jutta, einer Moderatorin von Radio Bremen Vier, einen Anruf auf dem Handy erhalten. Die Übernachtung in Bremen sei geklärt. Hotel Mariott, Wunschankunft Dienstag um 16.00 Uhr im Studio. Aber heute ist ja noch Montag und wir sind in Belgien. Matterhorn hatte noch während der Fahrt nach dem Anruf gemurmelt: „Wenn es denn so sein soll".

Den Grund des Staus können wir nicht erblicken, wir sind auch zu weit entfernt und mit uns selbst beschäftigt. Matterhorn betrachtet den Reifen auf der Motorhaube. Dieser hatte sein gesamtes Profil in Sibirien als rechter Vorderreifen verloren. Kurz vor Vladivostok, nach fast 11000 km, hatte er seinen Geist aufgegeben. Die Stahlummantelung war an einigen Stellen durchgekommen. Die Spur hatte durch die schlechte Wegstrecke wohl auch gelitten. Beim Aufpumpen hatte er den Luftaustritt mit einem dicken gelben Markerkreuz gekennzeichnet. Dieses baute er dann kunstvoll in seine Gespräche mit Betrachtern ein. Als Meister der Kommunikation findet er immer gewisse Schwerpunkte, die wahrlich überzeugend sind. Dieses hatte er auch schon bald in Russland bewiesen.

Während ich mit meinen russischen Grundkenntnissen, erlernt an der Bremerhavener Volkshochschule, versuchte, „Diftys" Alter, Motorgröße und Leistung den Leuten zu vermitteln, stand Matterhorn am Wagen und deutete fachmännisch unter die Kofferklappe und gab nur zwei Wörter von sich: „dwa backa" dann zeigte er auf die Zahl 1200 km, die er schon bei vorherigen Erklärungen mit seinem Finger auf dem verdreckten „Difty" vermerkt hatte. Zu gut deutsch: Zwei Tanks, 1200 km Reichweite.

Mein Freund Ernzi und ich hatten 1964 einen zusätzlichen Borgward-Isabella-Tank vor unserer ersten Weltreise bei Citroën Fischer, Bremerhaven, einbauen lassen und das ergab die erhöhte Reichweite. Auch musste ich bald feststellen, dass aus dem Vokabel lernen und grammatischen Deklinitionen nicht viel wurde. Als dann Matterhorn kurz hinter Moskau sein Frühstück immer eher bekam, hörte ich mit dem Russisch lernen auf.

Fast eine Stunde stehen wir schon, dann ein lautes Motorengeräusch. In der Ferne sehen wir, wie ein Hubschrauber fortfliegt. Keine Gedanken an den Unfall, an die Verletzten, man ist ja entfernt und nicht betroffen.

Wir setzen uns in Bewegung. Bald rauschen wieder Autos an uns vorbei. Matterhorn hat wieder die Karte vor sich ausgebreitet. Irgendwie hat er die falsche, meint er. Auf einer Europakarte kann man ja auch keine Kleinstädte erkennen. Aber die Richtung ist uns bekannt. Es ist angenehm warm an diesem Augusttag. Wir haben unsere Seitenfenster hochgeklappt. Mit der Halterung, die erst gegen Ende der 60er Jahre beim 2CV eingeführt wurde, besteht keine Gefahr, dass die Scheiben wieder auf den Ellenbogen knallen. Die alten Gummis leierten nach einiger Zeit aus.

Ernzi, mein Freund und Partner der ersten Reise, kann davon ein Lied singen. In der Türkei und Persien zuckte ich immer zusammen, wenn er vor Schmerz fluchte, als die Scheibe auf seinen Musikknochen knallte. Danach war immer eine zeitlang Funk-stille. Er war dann einfach nicht ansprechbar. Kritik hatte er viel am „Difty", auch an meiner Einstellung zu dem Wagen. Der Name „Difty" kommt von ihm. Ein Begriff, den er während seiner Internatszeit in Büsum geprägt hat (Helgoländer gingen damals auf dem Festland aufs Gymnasium). Bevor dieser „Difty" im Oktober 1963 bei Citroën Fischer in Bremerhaven gekauft wurde, hatte Ernzi schon einen „Difty", einen Renault 4CV, der aber nach vielen abenteuerlichen Fahrten vor der Firma Jobus seinen Geist aufgab und dort stehen blieb.

Matterhorn hatte gleich zu Beginn dieser Reise festgelegt: „Manni, das Fahren übernimmst du" und dabei blieb es dann auch. Seine Erfahrungen aus der E-Klasse waren auch schwierig mit dem Wunderwerk 2CV zu vereinbaren.

Ernzi fuhr seit Jugoslawien nicht mehr. Er konnte immer schlafen, während ich fuhr – ich aber nicht, wenn er am Steuer saß. Ich habe später festgestellt, dass ich die Sache zu gefühlsmäßig betrachtet habe. Wenn wir aber einmal festsaßen, dann war es Ernzi, der mit seiner gezielten Logik den Fehler fand und uns wieder flott machte.

Wir fahren jetzt auf der E17. Meine „zehn-vor-vier-Stellung" auf den Mullbinden am Lenkrad mit dem zerschlissenen Lederbezug finde ich gemütlich. Matterhorn hatte die Mullbindung liebevoll in Sibirien angebracht. Der Lederbezug von 1981 aus Santa Monica war in meiner Grundstellung dünn geworden und meine Hände berühr-ten das Stahllenkrad, welches wiederum zu schwitzigen Fingern führte.

Die Tachonadel zeigt zittrige 95 km/h. Die Motortemperatur liegt um die 80°C. Voltmesser im grünen Bereich. Der Öldruckmesser liegt bei dieser Temperatur um die olbs/sg.inch. Getankt hatten wir zuletzt in Irland, die Anzeige für den zweiten Tank wackelt ab und zu. Vielleicht füllen wir noch einmal nach, wenn wir in Deutschland sind. Das alte schwedische CB-Gerät ist eingeschaltet und steht, wenn auch leise, gleich hinter Squelchgrenze. Das Gerät aus den 70er Jahren hab' ich in Kanada erstanden. Ein 23-Kanal-AM-Teil hat 4 Watt und ist nicht ganz legal in Deutschland. Wir lassen es immer auf Kanal 9. Man kann ja nie wissen.

Wir sitzen auf einer neu bezogenen AMI 6 Sitzbank 1971 aus Panama. Ein dickes Schafsfell hält es kühl. Zwischen Matterhorn und mir befindet sich eine aufklappbare Konsole, in der ich unter anderem das Geschenk eines Missionars aus Tansania, „The New Testament", verwahre.

Diese Konsole dient als Armstütze für Fahrer und Beifahrer. Dieses wiederum erklärt die Vier-Uhr-Stellung meiner rechten Hand. Hinter der Sitzbank liegt quer die M76 Martin Gitarre im Hardshell Koffer. Ein Bicentenial-Modell aus dem Jahre '76, in Sunnyvale CA. erstanden. Mit dieser Gitarre hatte ich die erste Weltreise durch Afrika bis nach Bremerhaven am 2. Ostertag beendet. Auf dem Rücksitz findet Matterhorn jederzeit die feinsäuberlich geordnete Ausrüstung für uns. Jeden Morgen teilt er mir meine Kleidungsstücke ein, von der Unterhose, Socken etc. bis zum „Kampfanzug" mit dem Logo auf dem Rücken.

Und dann der Kofferraum: Heiko Seifert, der „begnadete Entenschrauber", hatte nötige Ersatzteile wie Anlasser, Kupplungsseil, Tachowelle, Zündkerzen plus komplette Zündanlage, Zündspule, Ersatzreifen, 4 neue Schläuche, Scheibenwischermotor, Keilriemen, Glühlampen, Tape grau, Tape grün, Klopapier und Feuchttücher sowie das gesponsorte Werkzeug der Firma Hoffmeister und Meinecke verstaut. Gebraucht haben wir davon, siehe Zwischenfall in Little America, nie etwas. Heiko gebührt ein großes Lob. Aber wir haben noch ungefähr 1000 km vor uns.

Ich denke, dass ich Heiko das Werkzeug schenke, da er sowieso meinen Citroën-Fuhrpark wartet. Wir sind in der Höhe Antwerpen, die E17 geht in die E34 über. Es ist noch angenehm warm.

An die Beine bekommen wir Frischluft durch die zusätzlichen Luftklappen. Eine Idee von mir 1978 in Bogota, Kolumbien, Nissan-Patrol-Luftklappen in „Difty" einbauen zu lassen. Unser Dach haben wir nie aufgemacht, da einiges durcheinandergeweht worden wäre, was auch nicht ungefährlich ist. Nach 215 km in Belgien passieren wir jetzt um 19.30 Uhr das Eurozeichen, die Grenze zu Holland. Das 16. Land unserer Erdumkreisung mit viel Wasser dazwischen. Wir fühlen uns wohl und sind dankbar.

Matterhorn hält Ausschau nach einer geeigneten Unterkunft. Seinem Vorschlag folgend fahre ich auf den Rastplatz des Novis-Hotels in Asten. Es ist fast 21.00 Uhr. Wir steigen aus und strecken uns ersteinmal. Zwei nette Damen an der Rezeption begrüßen uns und Matterhorn hält in gewohnter Manier seinen Smalltalk.

Die Dekoration Richtung Erntedank wirkt sehr einladend – die Damen natürlich auch. Wir entladen das Notwendigste aus dem Wagen und beziehen ein sauberes Doppelzimmer. Kurz unter die Dusche, Matterhorn wie immer zuerst. Ich lege mich ersteinmal auf mein Bett. Als ich vom Waschen zurückkomme, liegt meine „Zivilkleidung" parat und wir gehen mit einem zufriedenen Gefühl und wohlriechend ins Restaurant. Wir setzen uns an einen Tisch, von dem aus ich „Difty" beobachten kann. Wir bestellen uns ein gezapftes Bier und zum Essen Fleisch für Matterhorn und für mich Fisch.

Mit einem Weinbrand toasten wir auf die Reise und auf die Freundschaft an. In Gedanken sehe ich den Spruch vor mir: „A friend is someone who knows you are not perfect, but treats you as if you were" Auf deutsch: „Ein Freund ist jemand der weiß, dass du nicht perfekt bist, aber er behandelt dich, als ob du es wärst." An der Rezeption noch der obligatorische Klönschnack und dann hinauf ins Zimmer. Matterhorn hat noch einen Wodka/Cola als Nachtgetränk zubereitet. Kurz nach Mitternacht fallen uns die Augen zu.

Das Frühstück lassen wir ruhig angehen. Wir wollen die letzten Stunden unserer Reise richtig genießen. Es besteht aus Spiegeleiern „Sunnyside up", Marmeladentoast, O-Saft und natürlich Kaffee. Matterhorn raucht seine Zigarette, als ein junger Mann auf uns zukommt und fragt: „Ist die Ente da draussen Eure? Ich hab' sie 1988 in Clement-Ferrant und auch im nächsten Jahr in Orleans auf einem Citroën-Treffen gesehen". Wir sagen ersteinmal „Moin" und bitten ihn an unseren Tisch. Er erzählt uns von sich und wir berichten ihm von unserer Reise.

Auf geht's Richtung „Good old Germany". Auf der E34 passieren wir bei Venlo die Grenze – sollte dies der letzte „Shake" sein? Gesagt, getan. Es ist kurz vor 12.00 Uhr, der Himmel ist bedeckt. Die E34 wird die A3. Als wir das Kamener Kreuz erreichen, geht es auf die A1 gen Norden. Münster, Osnabrück – Matterhorn macht noch Eintragungen ins Tagebuch.

17. August 1999
Als wir unsere Planung im YMCA Seoul, Korea, machten, waren wir dort schon einige Male ins Schlingern geraten. Einmal wie, wann und ob es überhaupt weitergeht und zum Zweiten, wann ist unser Ziel zeitlich erreicht.

Hier die Aufklärung: Wir sind am Sonntag, 30. Mai 1999 um 17.00 Uhr vom Bürgerbummel in Bremerhaven losgefahren. Am nächsten Tag, 31. Mai '99, stand im Tagebuch 2. Tag, der zweite Reisetag begann aber erst um 17.00 Uhr. Demzufolge beginnt der 80. Tag heute um 17.00 Uhr. Bis morgen, Mittwoch, 18. August haben wir also Zeit, das Ziel in Bremerhaven zu erreichen. Verstanden? Mal sehen.

Matterhorn beantwortet laufend das Telefon. Ich habe gestern noch mit meiner Frau Andrea gesprochen. Sie deutete an, dass sie und die Familie einiges für den Empfang vorbereitet haben. Eskandar Dilmaghani, unser Manager des „Around the world Team" hat, so sagte sie, auch einige Pläne. Was wohl George B. Miller macht? Er hat unsere Website auf deutsch und englisch bestens auf dem Laufenden gehalten. Er war von unseren Berichten und Bildern abhängig. Wie schon berichtet, war es nicht immer einfach für uns, im tiefsten Sibirien Bilder zu entwickeln, zu senden oder ein Faxgerät zu finden.

Nach Osnabrück im Raum Vechta ist ein Funkloch für unser Handy. Wir brauchen noch die Adresse von Radio Bremen, man erwartet uns bei RB 4. 34 km vor Bremen sind wir immer noch im Funkloch. Dann meldet sich der Sender und wir fahren dort hin. Matterhorn hat Tagebuch, Logbuch und Bilder dabei und wir werden locker und freundlich empfangen.

Um 16.10 Uhr macht Daniela ein Live-Interview mit uns. Es läuft prima, wir teilen die Antworten mit „Zeichen" gut auf. Wir grüßen noch unsere Lieben, dann ist das auch abgehakt. Einige Bilder werden ausgesucht und gehen per Kurier zum Fernsehen. Dort sollen wir um 18.30 Uhr bei „Buten & Binnen" sein. Der Moderator war soetwas von blass, dass ich mir nicht mal seinen Namen gemerkt habe, was bei mir sehr selten ist.

Irgendwie hatten wir mehr erwartet, aber wir lassen uns unsere Stimmung dadurch nicht verderben. Matterhorn meint: „Gut sahen wir aus, ich hab mal kurz auf den Monitor gepeilt".

Jetzt geht's in die Bremer City. Ein wenig frech parken wir direkt vor dem Mariott-Hotel. Gemeinsam gehen wir an die Rezeption. Dem Tuscheln einer Angestellten entnehmen wir, dass man uns in „Buten & Binnen" gesehen hat.

Radio Bremen zeigt sich großzügig. Ein tolles Zimmer erwartet uns. Auf dem Tisch steht eine Schale mit herrlichen Früchten. Daneben zwei Piccolos. Auf einer Karte steht in schönen Lettern: „Herzlich willkommen und Glückwunsch unseren beiden Weltreisenden. Die Direktion Hotel ‚Mariott'". Auch nicht schlecht, das tut unserer Seele gut.

Bevor die Piccolos warm werden, nehmen wir sie uns zur Brust. Fast hätten wir neben den hoteleigenen Servietten die Partykräcker mit Kaviar übersehen. Wir sitzen auf einem Bett und lassen es uns gutgehen. „Difty" muss noch ordnungsgemäß geparkt werden. Gleich neben dem Hoteleingang ist ein Parkplatz durch eine Kette abgesperrt. Der muss für uns sein, denken wir. Zu uns gesellt sich ein stattlicher Herr mit einer schwungvollen Pfeife. Ein Gespräch entwickelt sich. Bewundernd klopft er Matterhorn auf die Schulter. „Schmidt" so stellt er sich vor. „Matterhorn"! Herr Schmidt, Inhaber des Spezialitäten-Geschäfts Grasshof, schaut ihn ein wenig verwundert an. „Das ist mein Spitzname, den hat mir Manni gegeben", sagt Karl-Heinz Brümmer. „30 Jahre DASA, aber das ist zu lang".

Ich unterbreche das Gespräch der beiden mit der Frage: „Gibt es in der Nähe ein Lokal?" Antwort: „Dann kommt man mit, Jungs" und wir folgen ihm. Neben dem

Einladung im Spezialitäten-Geschäft Grasshof, Bremen.

Hotel befindet sich eine Gastronomie aus dem Jahre 1872. Herr Schmidt öffnet die Tür und bittet uns hinein. Rechts befindet sich ein Verkaufstresen, links sitzt eine Gruppe in feuchtfröhlicher Stimmung. Wir stellen uns vor und werden gebeten, Platz zu nehmen. Herr Schmidt erzählt seinen Bekannten von unserem Treffen vor dem Hotel. Er versucht auch in kurzen Zügen unsere Weltreise mit „Difty" zu erklären, was seine Zuhörer sich aber nicht so richtig vorstellen können. Während unsere Getränke zubereitet werden, hören wir plötzlich eine kräftige Stimme: „Glaub' ich nicht", Typ Geschäftsmann, obere Etage. Er schaut abwechselnd Matterhorn und mich an. Bestimmt, aber nicht unfreundlich, versucht er uns davon zu überzeugen, dass wir nicht gerade aus Sibirien kommen. Dabei belassen wir es ersteinmal.

Wir bekommen etwas zu essen und sind froh, nicht diskutieren zu müssen. Der Gastraum ist mit Fotografien dekoriert, Bilder von Gästen, berühmte Besucher, einige erkenne ich. Fast alle in diesem Raum aufgenommen. Auf einmal blitzt es auf. Der gute Herr und Gastgeber sammelt neue Motive und hat jetzt ein Foto von zwei Weltenbummlern. Der Herr neben uns fängt wieder an: „Sibirien, niemals", nicht dass er unfreundlich ist, aber es will nicht in seinen Kopf. Ich hole meine Gitarre und gebe Matterhorn das Zeichen: „Besame mucho" – D-moll –. Als ich zum D-dur-Part komme, stehe ich genau neben ihm und zweistimmig geht die Post ab. Die Party steigert sich und sogar das Werderlied wird gesungen, unser Kritiker kennt sämtliche Verse. „Out of the blue" stellt die Frau des Gastgebers einige gezielte Fragen, wie: „Wie habt ihr das denn sexuell gemacht?" Wir schauen uns abwartend an, dann sagt sie im gleichen Tonfall wie vorher: „Och, ihr habt es ja auch leichter".

Was sie damit wohl gemeint hat? Wieder wird eine Flasche Wein geöffnet und es werden bekannte Lieder gewünscht, bei denen kräftig mitgesungen wird. Als wir uns gegen 02.00 Uhr verabschieden, meint unser Kritiker beim Herausgehen: „Tolle Musik, aber Sibirien, niemals!".

Im Hotelzimmer angekommen murmelt Matterhorn: „Wertvolle Menschen". Es ist die letzte Nacht unserer gemeinsamen großen Reise. Matterhorn geht noch einmal duschen und und ich schlafe ein. Kurz darauf komme ich wieder zu mir, Matterhorn sitzt auf meinem Bett. „Bist noch fit?" fragt er. Ich antworte mit „ja". Er schaut mich mit glänzenden Augen an und sagt etwas langsamer als sonst: „Danke, Manni" und dann umarmt er mich und wünscht mir eine gute Nacht.

Heute ist der 18. August 1999

Wir haben gut geschlafen. Es ist 07.00 Uhr und wir gehen zum Frühstück. Wir lassen es uns gut schmecken, schließlich hat Radio Bremen bezahlt.

Wie oft haben wir im Gespräch, in der Planung, in den verzweifelten Tagen in Seoul, mit diesem Datum jongliert. Matterhorn hatte sich angewöhnt, die Reisetermine rückwärts vom 18. August zu kalkulieren.

Damals lautete die Frage, wie „Difty" von Korea nach L.A. kommt und wie es dann von New York weitergehen soll. Das alles haben wir jetzt hinter uns und es ist geschafft. Es sollte so sein. Und jetzt sind wir im Studio von Radio Bremen Melodie.

Der Moderator Achim Kinzel versteht etwas von seinem Beruf. Sympathische Stimme, gute Fragen, persönliches Interesse, all das macht ihn zum beliebtesten Moderator bei Radio Bremen. Gegen Ende der Sendung spricht er von „Manfred Richter, dem bekanntesten deutschen Oberbürgermeister in Russland, dank der PR-Arbeit dieser beiden Bremerhavener".

Es ist High Noon als wir wieder vor dem Mariott stehen. Dort fühlen wir uns wohl, denn hier haben wir „Difty" im Blick. Das Handy klingelt laufend. Freunde aus Bremerhaven und verschiedene Radiosender. Ich wusste gar nicht, dass wir so weit gehört werden.

Matterhorn führt ein Gespräch mit älteren Damen, als ich ihn unterbreche: „Wir sind auf Sendung, sag mal was". „Ja, hier Matterhorn, wer spricht denn da?" Und das alles auf Sendung. Das nennt man live aus der Hüfte. Mein Freund erzählt von fernen Ländern, während ich für ihn das Gespräch mit den Damen fortsetze, die Matterhorn aufgrund des Interviews so abrupt stehen ließ. „Ihr Freund ist aber ein feiner junger Mann, und so höflich." Mir erscheint es wichtig, darauf hinzuweisen, dass wir Bremerhavener sind, worauf beide fast gleichzeitig erwidern: „Sieh' mal an!"

Ein Mercedes M-Klasse gesellt sich zu uns. „Wir haben am Telefon vereinbart euch bis nach Bremerhaven zu begleiten. Wir berichten live aus dem Auto und werden dann die Ankunft kommentieren". Matterhorn bricht ein weiteres Gespräch ab und setzt sich in unsere „Difty".

Ich drehe den Schlüssel und betätige den Anlasserknopf. „Difty" fängt an zu schnurren. Auf mein Wort „Riegel" die kurze Antwort „dicht". Ich führe das gleiche durch. Zur Erklärung: „Difty" hat „Selbstmördertüren", also an der B-Säule eingehängte Türen, die schon einige Male gefährlich aufgesprungen sind, was zu Schäden an der vorderen wie auch hinteren Tür geführt hatte. Deshalb habe ich vorsichtshalber kräftigere Türriegel angebracht, die bislang gut funktioniert haben.

Der Shake und das anerkennende Berühren des Messingschildes: „Nun zu guter Letzt geben wir dir jetzt auf die Wanderung das Geleite!" Dass ich gerade jetzt daran denken muss; Studienrat Heinz Inderst hatte mich dieses Lied gelehrt. Das Abschiedslied der Abiturienten der Lessingschule in Bremerhaven Lehe. Seppl Inderst, dem ich musikalisch soviel zu verdanken habe. Ich folge der M-Klasse und ehe ich mich versehe, befinden wir uns auf der A27 Richtung Heimatstadt.

Ein Anruf von Heiko Seifert: „Nehmt die Abfahrt Nesse, Bremerhaven Süd, ihr seht uns dann auf dem Parkplatz". Im Wagen ist es dann fast andächtig still. Ob Matterhorn wohl ein Dankgebet in seine Gedanken einflicht? Ich fahre wie im Trance.

Die Schilder „Schwanewede", „Hagen" fliegen vorbei. Dann das bekannte 120 km-Zeichen, das uns ja nicht betrifft – wir fahren ja nicht bergab. Die M-Klasse ruft an und fragt nach der Abfahrt. Der Himmel ist jetzt leicht bedeckt, wir fahren auf die alte B6. Noch wenige 100 Meter. Rechts stehen wartende Freunde und „Enten", links sehe ich das Restaurant „Landhaus" in Lahnhausen. Dort hatten am 2. Ostertag, am 30. März 1964, unsere Freunde und meine Mutter, Ernzi und mich verabschiedet. Am 2. Ostertag 1984 waren sie wieder da, als ich von der ersten Weltreise zurückkam.

Es geht vorbei wie im Zeitraffer. Dann kommen wir an und stoppen. Wir öffnen die Türen. Eddi kommt mit Tränen in den Augen auf Matterhorn zu und schließt ihren Heinzi in die Arme. Einen großen Blumenstrauß hat sie dabei.

Mein Sohn Daniel drückt mich und fragt: „Na Vaddern, wie geht's?" Ich glaube er freut sich. Stübi und Stefanie sind aus Holm Seppensen zum Empfang gekommen, Matt Walker der Countrysänger, die Pichuras mit Kindern, der stolze Heiko Seifert in der liebevoll restaurierten Dyane, Matterhorns Bruder und Frau im einzigen Nicht-Citroën.

Sie öffnen eine Flasche Sekt, Manni Nölting und Harald Bergmann bringen einen Schinken. Vorbeifahrende Autos hupen, aus Zeitungsberichten wissen sie wohl von unserer Ankunft. Mein Sohn Daniel antwortet mit „Diftys" Sirene. Jürgen Addicks, Andreas Bruder, meint in seiner ihm eigenen ruhigen Art, dass wir uns in Bewegung setzen sollten, da wir auf dem Theodor-Heuss-Platz erwartet werden. Ich denke daran, dass er die gesamte Elektroanlage im „Difty" neu verlegt hat und während der letzten 20.000 km ist nicht ein Defekt entstanden, nicht eine Sicherung kaputtgegangen – alle Achtung Jürgen.

Matterhorn winkt aus dem Fenster, als wir in die Weserstraße einfahren, vor uns Heiko und Eddi in der roten Dyane, hinter uns der Entenkorso. Lautes Hupen, begeistertes Winken am Straßenrand. Ernzi würde es vergleichen mit dem Jahr 1964 in Mostar, Ex-Jugoslawien: „Wie Konrad Adenauer auf Good-Will-Tour".

Rechts sehen wir das Autohaus Biela. Ihnen haben wir unsere Mercedes-Overalls zu verdanken, die mit unserem Weltreiselogo versehen, uns so gute Dienste geleistet haben.

Das muss man auskosten, das sind Gefühle, die nur schwer zu beschreiben sind. Kein Angeben, kein Mimen, nur Freude und Glücksgefühle. Ein kurzes Stück Elbestraße, Ludwigstraße zur Geestebrücke – die Fährstraße. Wir schauen Richtung Hotel Naber. Heiko fährt zur Seite und lässt mich vorfahren.

Der Theodor-Heuss-Platz – langsam fahre ich durch ein Spalier – an beiden Seiten grüssende Freunde mit Blumen. Einige erkenne ich. Da ist Addo, da Thomas, der Tambourinspieler. Ich muss eine Ziellinie mit einer Schleife durchfahren. Unter einem Banner mit der Aufschrift: „Wir warten auf Manni, Matterhorn und Difty" komme ich zum Stehen.

Andrea schließt mich in ihre Arme, sie hat mich gehen lassen, um meinen Traum zu leben. Ich komme gar nicht dazu, alle Begrüßungen zu erwidern. Reporter wollen ihre Bilder machen mit allem Drum und Dran: Wir beide mit unseren Frauen, „Difty" und Banner, dann die Offiziellen: Bürgermeister Niederquell und Eskandar Dilmaghani, Manager Around-the-world-team.

Auf einmal stehen wir auf einem errichteten Podest und können die vielen Freunde erkennen. Mein Blick schweift auf die MM-Combo: Bernd Rücker, Otto Braune, Charly Seifert, Matt Walker. Matterhorn ergreift das Mikro – es wird andächtig still. Er beginnt wie immer mit einem Scherz auf den Lippen: „Es ist ein unbeschreiblich schönes Gefühl wieder Bremerhavener Möwenscheiße auf dem Auto zu haben!".

Triumphale Ankunft: (von links) „Charly" Brümmer und Manni Müller wurden samt ihrem Reisemobil „Difty" von Bürgermeister Burghard Niederquell und 300 Schaulustigen auf dem Theodor-Heuss-Platz empfangen.

Jubelnder Empfang für Weltenbummler

Mit einer „Ente" in 80 Tagen rund um den Globus

Die Hupen quäkten, die Musik schmetterte, die Fans johlten, und die Tränen quollen – der Auftritt war filmreif. Alles für ein gerupft aussehendes „hässliches Entlein" und zwei ältere Herren? Alles für die drei, die vor 80 Tagen in Bremerhaven aufbrachen, um die Welt zu umrunden: Tusch für Manni, Charly und „Difty" – die Globetrotter sind wieder zu Hause.

„Ihr glaubt ja gar nicht, wie schön es ist, die erste Bremerhavener Möwenscheiße auf dem Wagen zu haben", seufzt Karl-Heinz Brümmer alias Charly aus tiefster Brust. Den Lorbeerkranz schief um den Hals, ein Mädchen im Arm, mit selig geröteten Wangen steht Reisegefährte Manni Müller neben ihm auf dem Theodor-Heuss-Platz und schwelgt

in Wiedersehensfreude. Bescheiden hinter den beiden Weltenbummlern, die vom Ansturm der begeisterten Fans schier zerquetscht werden: „Difty". Mehr dunkelgrau als taubenblau, rostig, wacklig, aber standhaft – die 25-PS-Ente ist der heimliche Star des Reise-Trios. „Die ist 1a beieinander - die könnte sofort wieder losschnurren", ist Mechaniker Heiko entzückt und schmatzt seinem „Baby" ein Bussi auf die dreckstarrende Windschutzscheibe.

Um 15.23 Uhr verkündete ein dröhnendes Hupkonzert auf der Alten Geestebrücke den 300 Willkommensgästen: Sie kommen. Nach 40 000 Kilometern um den Globus rollten sie Blumen schwenkend im 2-CV-Konvoi zu Hause ein.

Da flog der Wodka aus der Tasse

Bürgermeister Burghard Niederquell verteilt Lorbeeren – echte und unverbale –, und dann sprudeln den Reisenden die Erlebnisse heraus: „Das Allergrößte waren die 12 000 Kilometer quer durch Russland", zieht Müller Bilanz und lässt sich von Umarmung zu Umarmung reichen. Co-Pilot Brümmer schildert die Kehrseite der Medaille: „Drei Tage und Nächte auf einer engen Plattform des Transsibirien-Express mit der festgezurrten „Difty': Uns flog glatt der Wodka aus der Tasse."

Der russische Kontinent hat Spuren hinterlassen, die Brümmer unversehens ernste Töne anschlagen lässt: „Wir landeten nachts in einer kleinen sibirischen Stadt: kein Hotel, strömender Regen. Eine Krankenschwester brachte uns zum Übernachten in eine Klinik, in der 100 Sterbenskranke von nur zwei Ärzten betreut werden. Keine Medikamente, keine Bettwäsche. Wir haben unsere ganze Reiseapotheke da gelassen – wir haben nämlich die

Reise über nichts außer einem Pflaster gebraucht." Die Bremerhavener versprachen den Ärzten, von zu Hause aus weiter zu helfen: „Hier vergilbt alte Bettwäsche in den Schränken - dort gibt es nichts."

Ölsardinen und Marmelade

Angesichts solchen Elends trugen es die zwei Abenteurer mit Fassung, dass ihnen zuweilen nicht mehr als zwei Büchsen Ölsardinen und drei Gläser russischer Brombeermarmelade die knurrenden Mägen füllen konnten.

Nervös wurden die zwei pfiffigen Bremerhavener erst, als „Difty" in Amerika plötzlich streikte: „Manni hatte das Buch mit den Reparaturanleitungen vergessen. „Ich habe dann sofort mit unserem Mechaniker Heiko in Bremerhaven aus dem Tiefschlaf geklingelt", gesteht Müller. „Der hat eine super Ferndiagnose gestellt, was über die Zündkerze erzählt - danach lief's wieder."

Im Gepäck haben die Globetrotter nicht nur Döntjes: „Da wir „Difty' auf manchen Strecken nur per Flugzeug weiterbekamen, sind die Kosten explodiert: 28 000 Mark Schulden haben wir jetzt", spricht Brümmer Klartext – und fügt grinsend an: „Aber in Bremerhaven weiß man ja, dass Armut keine Schande ist." Und wie fühlen sich die beiden bei der Ankunft? „Fit, um in 80 Tagen um den Mond zu reisen."

sus

80 Tage um die Welt

Kilometer: Rund 25 000 über Land, 15 000 per Schiff und Flugzeug.
Route: Bremerhaven – Warschau – Minsk – Moskau – Novosibirsk – Irkutsk – Chita – Magdagatchi – Wladiwostok – Tokio – Seoul – Los Angeles – New York – Bremen.

Lorbeer für „Charly" Brümmer (links) und Manni Müller.

NORDSEE-ZEITUNG

Bremen und umzu

Die Abenteurer Müller, Brümmer und Difty

„Hurra, wir haben es geschafft"

Von RENATE PINZKE

Jubel in Bremerhaven. Die Abenteurer Manfred Müller (59) und Karl Heinz Brümmer (60) kamen gestern von ihrer etwas anderen Weltreise zurück: Mit der 36 Jahre alten Ente 2CV namens „Difty" (25 PS) fuhren sie in 80 Tagen um die Welt (BILD berichtete).

15.30 Uhr Theodor-Heuss-Platz: rund 200 Seestädter begrüßen stürmisch die Weltenbummler. Auch Bürgermeister Burkhard Niederquell ist da, überreicht zwei Siegerkränze. Er sagt: „Bremerhaven ist stolz auf euch".

Aufgedreht stellen sich die beiden Helden auf ein Podest, gerührt. Karl Heinz Brümmer: „Das war ein unvergeßliches Abenteuer, wir haben viel erlebt. Aber jetzt freue ich mich auf mein Bett. Die letzten 14 Tage haben wir nämlich in der Ente geschlafen. Ganz schön eng da drin."

Sein Freund Manfred Müller reibt sich den Nacken. „Die Strapazen sind wie weggeblasen." Ihre Belohnung: Dicke Küsse von Ehefrau und Freundin sowie der Eintrag ins Guinness Buch der Rekorde.

Ihre Reise führte die beiden 25 000 Kilometer quer durch Russland, Japan, USA, Irland und Belgien. Wenn Ente „Difty" unterwegs mal schlapp machte, holten sich Brümmer und Müller über Telefon Tips von Freund Heiko. Manfred Müller: „Wir klingelten ihn mehr als einmal nachts aus dem Bett."

Ende des Jahres wollen die beiden Abenteurer ein Buch rausbringen.

Endlich wieder vereint: Karl Heinz Brümmer mit Ehefrau Eddi (40) und Manfred Müller mit Freundin Andrea Addicks (34, v.l.). Fotos: Beckefeldt

Jubelnd werden die beiden Weltenbummler in Bremerhaven begrüßt. Ein Hoch auf Ente „Difty".

Dann wird Matterhorn nachdenklich – er bedankt sich und gibt einen kurzen doch spannenden Ablauf unserer 80-Tage-Tour. Er berichtet von dem Krankenhaus in Xilok und was dort benötigt wird, das hier so arglos an die Straße gestellt oder gar weggeworfen wird. Ich stehe daneben, habe Tränen in den Augen.

Als ich mich am Mikro bedanke, erschallt von der MM-Combo ein Lied, das Hans Kirschenlohr geschrieben hat, gesungen von Bernd Rücker. „Mit Oldtimer Difty zweimal um die Welt". Bürgermeister Niederquell verkündet die offizielle Begrüßung der Stadt Bremerhaven; man sei stolz auf uns.

Als er zu einer spontanen Sammlung aufruft und mit einem Geldschein die Arie beginnen will, unterbricht ihn Matterhorn jäh mit den Worten: „Herr Bürgermeister, hier ist das Fünfmarkstück, das sie uns mit auf die Reise gegeben haben, es war keiner da, der es wechseln konnte. Dank noch einmal." So entgehen wir dieser für uns peinlichen Situation.

149

Von dem Podest erkenne ich George B. Miller im Hintergrund, den Kopf der Internetberichterstattung und der Pressemitteilungen.

Langsam nimmt uns die Menge auf, wir gehen zum Bierstand, wo Jutta und Wolfgang Getränke ausschenken. All das hat Andrea arrangiert. Dann bittet Toni Schröder noch einmal um Gehör – was dieser Mann von sich gibt, ist „echt" – die reine Wahrheit. Wir hören ihm zu, seine Worte sind Glaube und Überzeugung. „Manni, dass ihr das geschafft habt" sagt einer, den ich seit meiner Lehrzeit auf der Seebeck-Werft kenne. Neben ihm steht Rolf, Matterhorns Bruder: „Ich hab' immer daran geglaubt, die Jungs schaffen es."

Seine Worte klingen stolzerfüllt, er legt seine Hand auf Matterhorns Arm, während er mich anschaut. Ich sehe Tränen in seinen Augen. Die Gedanken unserer Familien haben uns begleitet. Eddi hat täglich für uns gebetet. Wir sind wieder in der Heimat. 80 Tage hatten wir uns vorgenommen – einfach gesagt. „Ganz schön hemmungslos", einer meiner Schnacks. Runter von der Rampe am 30. Mai um 17.00 Uhr. Vorbereitet? Kaum, Reparaturbuch vergessen, wir wussten nicht einmal, dass wir auf der Reise Kasachstan „besuchen" würden.

40.000 Kilometer über Land, über Wasser. Ich höre, in Bremerhaven hat die Sonne geschienen, der Kosovokrieg hat in dieser Zeit nur Elend gebracht. Wir haben in dieser Zeit Freude bereitet. Ein Beispiel des Friedens und dafür sind wir Gott dankbar.

Wieder zu Hause in Bremerhaven.
Seit ihrer Weltumrundung gehören Manni Müller (rechts) und Karl-Heinz Brümmer zu den bekanntesten Bremerhavenern. Die alte „Ente Difty" ist so etwas wie städtisches Kulturgut, das jeder kennt. *Foto: Dirk Ramackers aus: Oldtimer Markt 11/99*

LOG BOOK

Certification of Presence

An Adventure Trip Around
the World
1999

Drivers :   **Mr. Manfred Müller**
                       Mr. Karl Heinz Brummer
Car :   **DIFTY ,a Citroen 2CV (1963) ,**
                       Nr. : HB M 6484

Layout & Design : Eskandar Dilmaghani

LOG BOOK
Certification of Presence
An Adventure Trip Around
the World
1999

I hereby state „that the drivers :Mr. Manfred Müller and Mr.
Karl Heinz Brummer with their Car "DIFTY",a Citroen 2CV (63)
German Licence Nr. : HB M 6484 presented themselves before me
on this
Day : 1
Date : 30. 05. 1999
Location : BREMERHAVEN
Signiture : ....

Stamp:

Hiermit bestätige ich „daß der Fahrer Herr Manfred Müller und
Herr Karl Heinz Brummer mit ihren Auto,"DIFTY" ein Citroen
2 CV (63) mit dem Kennzeichen HB M 6484 sich mir vorgestellt
haben an diesem :
Tag : 1
Datum : 30.05.1999
Ort : BREMERHAVEN
Unterschrift : ....
Stempel :

LOG BOOK
Certification of Presence
An Adventure Trip Around
the World
1999

I hereby state „that the drivers :Mr. Manfred Müller and Mr.
Karl Heinz Brummer with their Car "DIFTY",a Citroen 2CV (63) ,
German Licence Nr. : HB M 6484 presented themselves before me
on this
Day : ....
Date : ....
Location :...............
Signiture :...............

Stamp:

Hiermit bestätige ich „daß der Fahrer Herr Manfred Müller und
Herr Karl Heinz Brummer mit ihren Auto,"DIFTY" ein Citroen
2 CV (63) mit dem Kennzeichen HB M 6484 sich mir vorgestellt
haben An diesem :
Tag :...............
Datum:...............
Ort :...............
Unterschrift :...............
Stempel:

Z poważaniem potwierdzam , ze kierowca Manfred Müller ,Mr.
Heinz Brummer I jego auto "DIFTY"Citroen 2 CV (63) o rejestracji
HB M 6484 mi się przedstawili.
W tym dniu:
Data :.....31. 05. 99........
Miejscowość :.............
Podpis :.............
Pieczątka (jeśli jest)

BIURO ZARZĄDU
Miasta Stołecznego Warszawy
Gabinet Prezydenta Warszawy
00-950 Warszawa, Pl. Bankowy 3/5

LOG BOOK
Certification of Presence
An Adventure Trip Around
the World
1999

I hereby state „that the drivers :Mr. Manfred Müller and Mr.
Karl Heinz Brummer with their Car "DIFTY",a Citroen 2CV (63) ,
German Licence Nr. : HB M 6484 presented themselves before me
on this
Day : ....
Date : ....
Location :...............
Signiture :...............

Stamp:

Hiermit bestätige ich „daß der Fahrer Herr Manfred Müller und
Herr Karl Heinz Brummer mit ihren Auto,"DIFTY" ein Citroen
2 CV(63) mit dem Kennzeichen HB M 6484 sich mir vorgestellt
haben An diesem :
Tag :...............
Datum:...............
Ort :...............
Unterschrift :...............
Stempel:

Здесь, Я подтверйсдаю, что водитель zoc. Манфреъ Мюппер на своеи
машине "Дифти" ситрён 2 CV (63) с номерным знаком НВ-М 6484
лредставился мне:
таким - то днём:
дата:..02.06.1999....
число:.............
место:.............
роспись:.............
подпись:.............

LOG BOOK
Certification of Presence
An Adventure Trip Around
the World
1999

I hereby state „that the drivers :Mr. Manfred Müller and Mr.
Karl Heinz Brummer with their Car "DIFTY",a Citroen 2CV (63) ,
German Licence Nr. : HB M 6484 presented themselves before me
on this
Day : ....
Date : ....
Location :...............
Signiture :...............

Stamp:

Hiermit bestätige ich „daß der Fahrer Herr Manfred Müller und
Herr Karl Heinz Brummer mit ihren Auto,"DIFTY" ein Citroen
2 CV(63) mit dem Kennzeichen HB M 6484 sich mir vorgestellt
haben An diesem :
Tag :...............
Datum:.2.06.99.....
Ort :...............
Unterschrift :...............
Stempel:

Здесь, Я подтверйсдаю, что водитель zoc. Манфреъ Мюппер на своеи
машине "Дифти" ситрён 2 CV (63) с номерным знаком НВ-М 6484
лредставился мне:
таким - то днём:
дата:.............
число:.............
место:.............
роспись:.............
подпись:.............

LOG BOOK
Certification of Presence
An Adventure Trip Around
the World
1999

I hereby state ,that the drivers :Mr. Manfred Müller and Mr. Karl Heinz Brummer with their Car "DIFTY",a Citroen 2CV (63) , German Licence Nr. : HB M 6484 presented themselves before me on this
Day : ....
Date : ....
Location : ....
Signiture ....

Stamp:

Hiermit bestätige ich ,daß der Fahrer Herr Manfred Müller und Herr Karl Heinz Brummer mit ihren Auto."DIFTY" ein Citroen 2 CV(63) mit dem Kennzeichen HB M 6484 sich mir vorgestellt haben An diesem :
Tag :...............
Datum : ....
Ort : ....
Unterschrift : ....
Stempel :

Здесь, Я подтвердйсдаю, что водитель zoc. Манфреъ Мюппер на своей машине "Дифти" ситрён 2 CV (63) с номерным знаком HB-M 6484 лредставился мне:
таким - то днём: дата:.07.06.1999
число:.................... по
место:...................
роспись:.........

LOG BOOK
Certification of Presence
An Adventure Trip Around
the World
1999

I hereby state ,that the drivers :Mr. Manfred Müller and Mr. Karl Heinz Brummer with their Car "DIFTY", a Citroen 2CV (63) , German Licence Nr. : HB M 6484 presented themselves before me on this
Day : ....
Date : ....
Location : ....
Signiture ....

Stamp:

Hiermit bestätige ich ,daß der Fahrer Herr Manfred Müller und Herr Karl Heinz Brummer mit ihren Auto."DIFTY" ein Citroen 2 CV(63) mit dem Kennzeichen HB M 6484 sich mir vorgestellt haben An diesem :
Tag :...............
Datum : ....
Ort : ....
Unterschrift : ....
Stempel :

Здесь, Я подтвердйсдаю, что водитель zoc. Манфреъ Мюппер на своей машине "Дифти" ситрён 2 CV (63) с номерным знаком HB-M 6484 лредставился мне:
таким - то днём: 1999 год
число:....................
место:..................
роспись:..............
подпись:..............

LOG BOOK
Certification of Presence
An Adventure Trip Around
the World
1999

I hereby state ,that the drivers :Mr. Manfred Müller and Mr. Karl Heinz Brummer with their Car "DIFTY",a Citroen 2CV (63) , German Licence Nr. : HB M 6484 presented themselves before me on this
Day : ....
Date : ....
Location : ....
Signiture ....

Stamp:

Hiermit bestätige ich ,daß der Fahrer Herr Manfred Müller und Herr Karl Heinz Brummer mit dem Kennzeichen HB M 6484 sich mir vorgestellt haben An diesem :
Tag :...............
Datum : ....
Ort : ....
Unterschrift : ....
Stempel :

Здесь, Я подтвердйсдаю, что водитель zoc. Манфреъ Мюппер на своей машине "Дифти" ситрён 2 CV (63) с номерным знаком HB-M 6484 лредставился мне:
таким - то днём: дата:.15-06-99
число:....................
место:..................
роспись:..............
подпись:..............

LOG BOOK
Certification of Presence
An Adventure Trip Around
the World
1999

I hereby state ,that the drivers :Mr. Manfred Müller and Mr. Karl Heinz Brummer with their Car "DIFTY",a Citroen 2CV (63) , German Licence Nr. : HB M 6484 presented themselves before me on this
Day : Monday
Date : ....
Location : ....
Signiture ....

Stamp:

Hiermit bestätige ich ,daß der Fahrer Herr Manfred Müller und Herr Karl Heinz Brummer mit ihren Auto."DIFTY" ein Citroen 2 CV(63) mit dem Kennzeichen HB M 6484 sich mir vorgestellt haben An diesem :
Tag :...............
Datum : ....
Ort : ....
Unterschrift : ....
Stempel :

LOG BOOK
Certification of Presence
An Adventure Trip Around
the World
1999

AROUND THE WORLD IN 80 DAYS
The second time around 1999
Guinness Book World Record 1964-1984

I hereby state ,that the drivers :Mr. Manfred Müller and Mr. Karl Heinz Brummer with their Car "DIFTY",a Citroen 2CV (63) , German Licence Nr. : HB M 6484 presented themselves before me on this

Day : ....
Date : ....
Location : ....
Signiture : ....

Stamp:

Hiermit bestätige ich ,daß der Fahrer Herr Manfred Müller und Herr Karl Heinz Brummer mit ihren Auto ."DIFTY" ein Citroen 2 CV(63) mit dem Kennzeichen HB M 6484 sich mir vorgestellt haben an diesem :
Tag : DONNERSTAG
Datum: 24-06-99
Ort: TSINGTAU
Unterschrift :
Stempel :

LOG BOOK
Certification of Presence
An Adventure Trip Around
the World
1999

AROUND THE WORLD IN 80 DAYS
The second time around 1999
Guinness Book World Record 1964-1984

I hereby state ,that the drivers :Mr. Manfred Müller and Mr. Karl Heinz Brummer with their Car "DIFTY",a Citroen 2CV (63) , German Licence Nr. : HB M 6484 presented themselves before me on this

Day : ....
Date : 8 JULY 1999
Location : VLADIVOSTOK
Signiture : ....

Stamp:

Hiermit bestätige ich ,daß der Fahrer Herr Manfred Müller und Herr Karl Heinz Brummer mit ihren Auto ."DIFTY" ein Citroen 2 CV(63) mit dem Kennzeichen HB M 6484 sich mir vorgestellt haben an diesem :
Tag : ....
Datum: ....
Ort: ....
Unterschrift : ....
Stempel : ....

LOG BOOK
Certification of Presence
An Adventure Trip Around
the World
1999

AROUND THE WORLD IN 80 DAYS
The second time around 1999
Guinness Book World Record 1964-1984

I hereby state ,that the drivers :Mr. Manfred Müller and Mr. Karl Heinz Brummer with their Car "DIFTY",a Citroen 2CV (63) , German Licence Nr. : HB M 6484 presented themselves before me on this

Day : ....
Date : ....
Location : ....
Signiture : ....

Stamp:

Hiermit bestätige ich ,daß der Fahrer Herr Manfred Müller und Herr Karl Heinz Brummer mit ihren Auto ."DIFTY" ein Citroen 2 CV(63) mit dem Kennzeichen HB M 6484 sich mir vorgestellt haben an diesem :
Tag : 13 JULI 1999
Datum:
Ort: TOKYO
Unterschrift :
Stempel :

Botschaft
der
Bundesrepublik Deutschland
Tokyo

LOG BOOK
Certification of Presence
An Adventure Trip Around
the World
1999

AROUND THE WORLD IN 80 DAYS
The second time around 1999
Guinness Book World Record 1964-1984

I hereby state ,that the drivers :Mr. Manfred Müller and Mr. Karl Heinz Brummer with their Car "DIFTY",a Citroen 2CV (63) , German Licence Nr. : HB M 6484 presented themselves before me on this

Day : ....
Date : ....
Location : ....
Signiture : ....

Stamp:

Hiermit bestätige ich ,daß der Fahrer Herr Manfred Müller und Herr Karl Heinz Brummer mit ihren Auto ."DIFTY" ein Citroen 2 CV(63) mit dem Kennzeichen HB M 6484 sich mir vorgestellt haben an diesem :
Tag : MITTWOCH
Datum: 21 Juli 1999
Ort: SEOUL
Unterschrift :
Stempel :

Botschaft
der Bundesrepublik Deutschland
Seoul

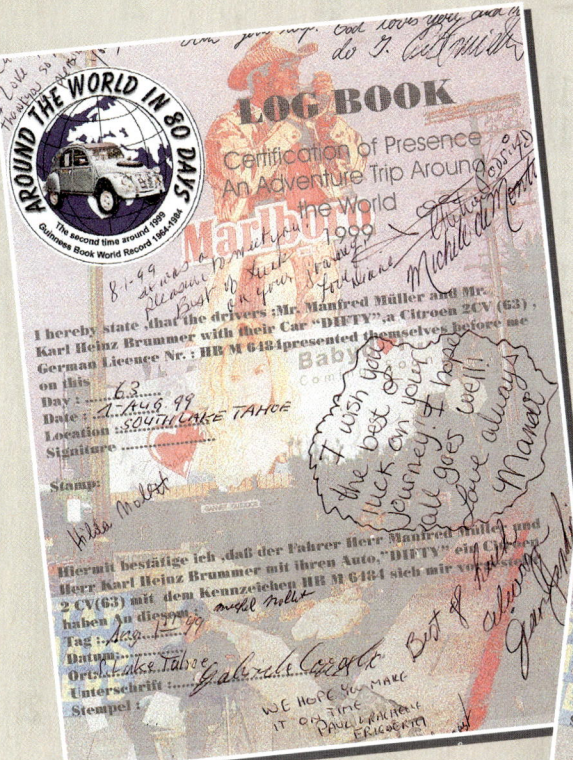

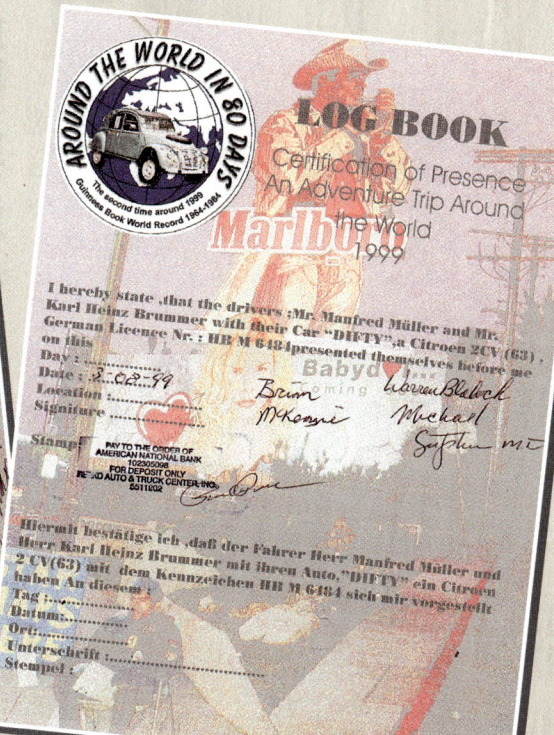

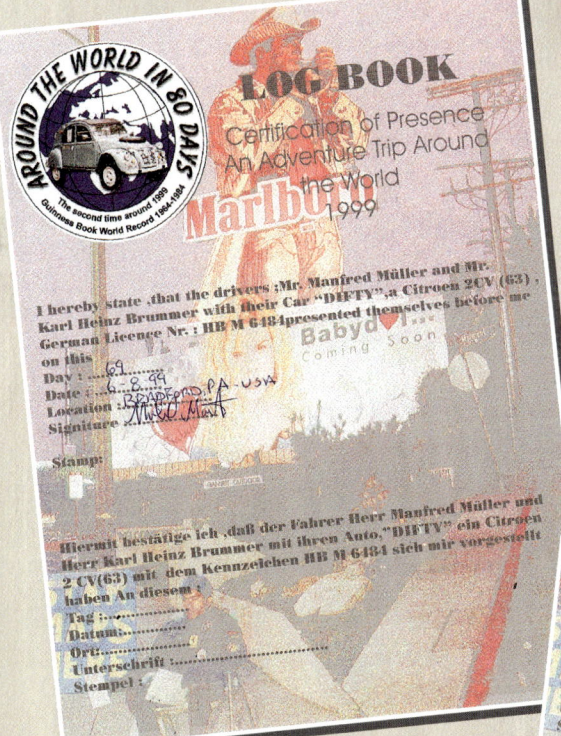

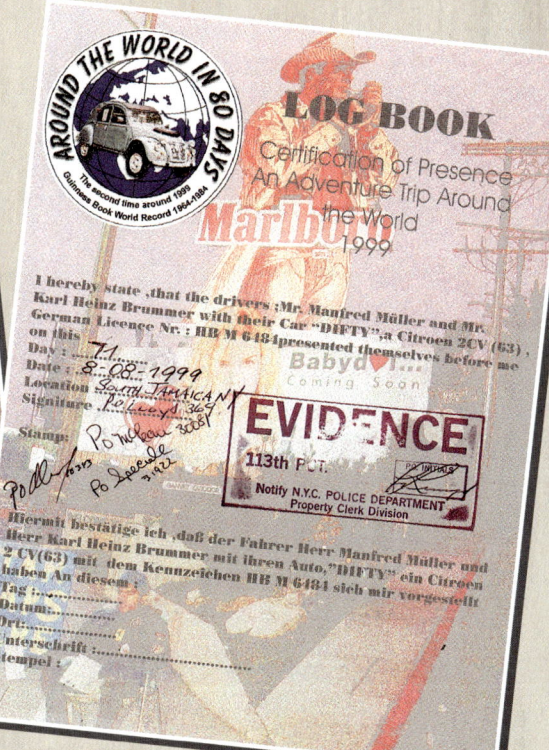

LOG BOOK
Certification of Presence
An Adventure Trip Around
the World
1999

I hereby state ,that the drivers :Mr. Manfred Müller and Mr.
Karl Heinz Brummer with their Car "DIFTY",a Citroen 2CV (63) ,
German Licence Nr. : HB M 6484presented themselves before me
on this

Day : ....
Date :..11-08-99
Location :..SCOTLAND, GLASGOW
Siguiture ....
Stamp :

O'BRIENS IRISH SANDWICH BAR
229 SAUCHIEHALL STREET, GLASGOW
TEL: 0141 333 9355

Hiermit bestätige ich ,daß der Fahrer Herr Manfred Müller und
Herr Karl Heinz Brummer mit ihren Auto. "DIFTY" ein Citroen
2 CV(63) mit dem Kennzeichen HB M 6484 sich mir vorgestellt
haben an diesem :

Tag : ....
Datum : ....
Ort : ....
Unterschrift : ....
Stempel :

LOG BOOK
Certification of Presence
An Adventure Trip Around
the World
1999

I hereby state ,that the drivers :Mr. Manfred Müller and Mr.
Karl Heinz Brummer with their Car "DIFTY",a Citroen 2CV (63) ,
German Licence Nr. : HB M 6484presented themselves before me
on this

Day : 76
Date :..13-AUG. 99
Location :.. BELFAST
Siguiture ....
Stamp :

Marié Moore . Depaly Mayor. Belfast.

Hiermit bestätige ich ,daß der Fahrer Herr Manfred Müller und
Herr Karl Heinz Brummer mit ihren Auto. "DIFTY" ein Citroen
2 CV(63) mit dem Kennzeichen HB M 6484 sich mir vorgestellt
haben an diesem :

Tag : ....
Datum : ....
Ort : ....
Unterschrift : ....
Stempel :

LOG BOOK
Certification of Presence
An Adventure Trip Around
the World
1999

I hereby state ,that the drivers :Mr. Manfred Müller and Mr.
Karl Heinz Brummer with their Car "DIFTY",a Citroen 2CV (63) ,
German Licence Nr. : HB M 6484presented themselves before me

on this 78
Day : ....
Date :..15-AUG 1999
Location :..ICKLESHAM
Siguiture ....
Stamp :

Hiermit bestätige ich ,daß der Fahrer Herr Manfred Müller und
Herr Karl Heinz Brummer mit ihren Auto. "DIFTY" ein Citroen
2 CV(63) mit dem Kennzeichen HB M 6484 sich mir vorgestellt
haben an diesem :

Tag : ....
Datum : ....
Ort : ....
Unterschrift : ....
Stempel :

LOG BOOK
Certification of Presence
An Adventure Trip Around
the World
1999

I hereby state ,that the drivers :Mr. Manfred Müller and Mr.
Karl Heinz Brummer with their Car "DIFTY",a Citroen 2CV (63) ,
German Licence Nr. : HB M 6484presented themselves before me
on this

Day : ....
Date : ....
Location : ....
Siguiture ....
Stamp:

Hiermit bestätige ich ,daß der Fahrer Herr Manfred Müller und
Herr Karl Heinz Brummer mit ihren Auto. "DIFTY" ein Citroen
2 CV(63) mit dem Kennzeichen HB M 6484 sich mir vorgestellt
haben an diesem :

Tag : ...16-AUG 1999
Datum : ....
Ort : ...ASPEN - HOLLAND
Unterschrift : ....
Stempel :

MOTEL ... ASPEN
OODISWEG 1
5721 VA ASPEN
TEL : 0493-680800

Unsere Strecke in der Übersicht:

BREMERHAVEN	**30. MAI 1999**	**DEUTSCHLAND**	OBLUSHE	30. JUNI 1999	RUSSLAND
BERLIN	30. MAI 1999	DEUTSCHLAND	HABAROSK	01. JULI 1999	RUSSLAND
WARSCHAU	31. MAI 1999	POLEN	VLADIVOSTOK	02. JULI 1999	RUSSLAND
MINSK	01. JUNI 1999	WEISSRUSSLAND	TOKYO	18. JULI 1999	JAPAN
SMOLENSK	02. JUNI 1999	RUSSLAND	SEOUL	25. JULI 1999	KOREA
MOSKAU	03. JUNI 1999	RUSSLAND	SAN FRANCISCO	25. JULI 1999	USA
ARJAZAN	05. JUNI 1999	RUSSLAND	LOS ANGELES	26. JULI 1999	USA
PENZA	06. JUNI 1999	RUSSLAND	SOUTH LAKE TAHOE	31. JULI 1999	USA
KUSNEZK	07. JUNI 1999	RUSSLAND	SALT LAKE CITY	03. AUG. 1999	USA
UFA	08. JUNI 1999	RUSSLAND	WYOMING	03. AUG. 1999	USA
CELJABINSK	09. JUNI 1999	RUSSLAND	ROCKY SPRINGS	03. AUG. 1999	USA
KURGAN	10. JUNI 1999	RUSSLAND	LINCOLN	04. AUG. 1999	USA
PETROPAVLOVSK	11. JUNI 1999	RUSSLAND	CLEVELAND	05. AUG. 1999	USA
OMSK	12. JUNI 1999	RUSSLAND	BRADFORD	06. AUG. 1999	USA
BARABINSK	13. JUNI 1999	RUSSLAND	NEW YORK	08. AUG. 1999	USA
NOWOSIBIRSK	14. JUNI 1999	RUSSLAND	GLASGOW	10. AUG. 1999	SCHOTTLAND
KEMEROWO	16. JUNI 1999	RUSSLAND	BELFAST	13. AUG. 1999	NORDIRLAND
KRASNOJARSK	17. JUNI 1999	RUSSLAND	DUBLIN	13. AUG. 1999	REP. IRLAND
TAISHET	18. JUNI 1999	RUSSLAND	CARDIFF	14. AUG. 1999	WALES
ZIMA	19. JUNI 1999	RUSSLAND	HASTINGS	14. AUG. 1999	ENGLAND
IRKUTSK	20. JUNI 1999	RUSSLAND	CALAIS	16. AUG. 1999	FRANKREICH
KUAJSCHNAJA	22. JUNI 1999	RUSSLAND	DUNKIRCHEN	16. AUG. 1999	BELGIEN
ULAN UDE	23. JUNI 1999	RUSSLAND	HOLLAND	17. AUG. 1999	
HILOK	23. JUNI 1999	RUSSLAND	DEUTSCHLAND	17. AUG. 1999	
CHITA	24. JUNI 1999	RUSSLAND	BREMEN	17. AUG. 1999	DEUTSCHLAND
MAGDAGATSCHI	29. JUNI 1999	RUSSLAND	**Wir sind wieder da!**		
SHIMANOWSK	29. JUNI 1999	RUSSLAND	**BREMERHAVEN**	**18. AUG. 1999**	**DEUTSCHLAND**

Wir danken allen, die uns durch ihre Geldspende den Druck dieses Buches ermöglichen.

158

159